大インフレ時代！日本株が強い

資産運用を覚えないと
財産は消える

エミン・ユルマズ
Emin Yurumazu

ビジネス社

はじめに

いま私たちは人類史上で経験したことのない低金利環境に生きています。とりわけ日本の金利は低く、短期金利はマイナス〇・一%、長期金利は〇%に留め置かれているのです。

実は、人類の過去五〇〇〇年間の金利水準を調べた研究があります。それを紐解いてみると、いかにいまの低金利が〝異常〟なのかがわかるでしょう。

例えば、紀元前三〇〇〇年のメソポタミアでは金利が二〇%だったようです。紀元前一七〇〇年代に発布されたハムラビ法典では、金利が二〇%と決められていた。

紀元前五三九年にペルシャ帝国がバビロニアを征服すると、金利が四〇%以上に上がりました。その後ギリシャの都市国家で金利は一〇%台に。紀元前四四三年のローマ帝国では八%に下がります。

紀元後一年にローマの金利は四%まで下がりました。しかし、ローマ帝国の拡大に限界がみえ、インフレで経済が悪化し始めた三世紀には一五%まで上がります。

中世ヨーロッパの金利も二〇％台が多いです。金利は近代に近づくにつれ徐々に下がって、一桁台になりました。しかし、物価が高騰していた一九八〇年代の米国でいったん一五％を超える場面がありました。

私の出身国であるトルコはハイパーインフレ国なので、預金金利が一〇〇％を超えた時代を体験しています。いずれにしても、近年のレベルまで金利が下がったことは、人類史上でかつてありません。

金利が大きく下がった背景に、主要国の中央銀行が行ってきた金融政策があります。特にリーマン・ショック後に、日米欧の中央銀行は前代未聞の金融緩和政策を積極的に行って、悪化する景気を支えようとしました。

「これは結構なことではないか？　どこに問題があるのか？」と不思議がる人もいると思います。確かに金利が低いほうがお金を借りやすくなるので、企業活動も消費も増えます。とはいえ、金利が低すぎるのはよくないことなのです。

なぜでしょうか？　経済と景気はサイクルで動いています。景気が拡大している期間と縮小している期間があることにより、経済の非効率性が是正されます。

景気縮小を無理やり遅らせようとしたり、なくそうとしたりすると、世の中にゾンビ企業が大量に生まれてしまうのです。一定期間をすぎると、国内の企業の大半がゾンビになる危険性すらあります。

なぜならば、企業が淘汰されることも経済の自然なサイクルの一つだからです。そこに新しい企業やサービスが生まれて、〝新陳代謝〟を促すわけです。

ゾンビ化して延命している企業が多くなると、新しい企業が育つ土壌が失われてしまう。これがバブル崩壊後に日本経済が低成長に陥った理由の一つですし、いま米国を中心とする西側諸国や中国も似たような状況になりつつあります。

主要国の中央銀行が長い期間にわたって異次元緩和を続けることができた背景には、緩和をしても消費者物価が上がらなかったことがあります。そこで、「インフレにならないのであれば、いくら緩和しても大丈夫だ！」という考えに傾斜してしまったのです。

しかし、知ってのとおり、コロナショック以降、世界は厳しい景気悪化とインフレに見舞われました。インフレ発生により緩和を続けられなくなり、各国は次々と引き締め政策に舵を切りました。

引き締めが、緩和で膨らんだ資産バブルを破裂させるのは自明の理なのです。私は日本の投資家に警鐘を鳴らすために昨年、『エブリシング・バブルの崩壊』という本を書きました。残念ながら、エブリシング・バブルの崩壊はまだ終わっておらず、世界は緩和のやりすぎの後遺症にもうしばらく悩まされるでしょう。

さて、これまでインフレにならなかったのに、なぜ今回はインフレが生まれたのか？　その理由を本書では重層的に解説しています。

肝に銘じてほしいのは、時代が変わったということです。

これからはデフレではなく、インフレの時代なのです。インフレとは何か？　定義をわかっていても、感覚でインフレをわかる日本人は少ないのではないでしょうか。

私が小さいころ、中学校教師だった母は、給料をもらうとすぐに米ドルに交換していました。当時のトルコは先にも触れたように年間一〇〇％近いインフレに襲われ、トルコリラの価値が、あっという間に〝目減り〟していたからです。

日本ではこのようなインフレになることはないでしょうが、やはり現金をそのまま置いておくと価値が目減りするという概念を、日本人全員が認識すべきだと思います。そんな時代が到来したのです。

インフレ時代を生き抜くためには、まずメンタルを変えないといけません。デフレ脳からインフレ脳への〝転換〟が必要です。それは簡単なことでないかもしれない。しかし、変わらなければならないと思っている人が増えているのは事実です。

インフレ時代には、欲しいものをすぐに買う。あるいは、買うまで現金が価値を失わないように「資産保護」をしないといけない。

世間では資産運用という言葉を使いたがっているようですが、これは運用が資産を増やすことをイメージしやすいからだと思います。しかし、資産がインフレ以上に増えないと意味がありません。だからこそ、資産運用はまず資産保護であり、少なくともインフレと同程度に資産を増やすやり方を習得すべきでしょう。

本書は、世界情勢と世界経済の見通し、世界経済の構造的な変化の実態、日本経済の復活シナリオ、なぜ日本の未来は明るいのか、日本株が長期の強気相場に突入するのか、などについて、私なりの考察を記したものです。

皆さんに多くの気付きをもたらすことができれば幸甚です。

二〇二三年一月　東京

エミン・ユルマズ

目次

大インフレ時代！　日本株が強い

第二章 サプライサイド経済が破綻した米国の窮地

第三章 第二の解体の季節に突入したロシア

第四章 世界の中央銀行の功罪

第七章　『四季報・新春号』解読で見えた日本復活

第八章　無人化大国・日本の強さ

第九章　日本への投資がどんどん増える時代

第一章

逆風に晒される中国の現実

振り上げた拳を下ろせなくなった中国

二〇二二年一二月一日、中国の習近平国家主席はミシェル欧州理事会常任議長（ＥＵ大統領）と会談した際、新型コロナウイルスのオミクロン株の致死率が低いことを理由に「（中国の）制限を解除できるかもしれない」との見解を示していたことを、ＥＵ高官が明らかにした。

続けて、習近平は、中国で起きているコロナ対策への抗議運動にも言及した。

「三年にわたるコロナウイルスの流行で、中国の国民には不満が積もっている」としながら、「抗議する国民の多くは十代の不満を持った若者たちだ」と語り、中国世論の総意ではないことを強調した。

こうした習近平の言葉は、ロックダウンを止める〝口実〟をつくろうとしていると捉えていいだろう。

そもそも論として、なぜ中国は「ゼロコロナ」を行ってきたのか。

時計を二年ちょっと前に巻き戻してみよう。習近平政権は二〇一九年一一月初めとされるコロナ発生から、感染拡大の事実隠ぺいはじめ、きちんとした対策を講じなかった。二〇二〇年二月、ＳＮＳのグループチャットで感染拡大の危険性を語った武漢市の李文亮医師が感染合併症により死亡すると、国民世論が一気に中国共産党批判に動いた。その後、中国国内についてはロックダウンはじめ、厳格な医療規制が敷かれた。

けれども、コロナは全世界へと拡散されていった。欧米では中国ほどハードなロックダウンはできかねることから、多数の死者が出た。それについて、中国政府は「ほら見ろ。われわれのシステムのほうが優れていることが証明された」と喧伝した。さらに「これを成し遂げた習近平国家主席のリーダーシップは素晴らしい」と礼賛した。言ってみれば、コロナ対策を引き合いに、中国お得意のプロパガンダに仕立てた。

これにはコロナ初期の隠蔽と対応の悪さに対する世論をかわしたかったことが見て取れる。

その後三年間にわたり、世界はコロナと戦い続けてきた。中国にとって誤算だったのは、最初にロックダウン戦法で成果をあげ、習近平礼賛をあまりにもぶち上げたため、振り上げた拳を下ろせなくなってしまったことだった。

いま「はい、そうですか」とロックダウン戦法をあっさり止めてしまうと、これまでの三年間の苦労は何だったのか。そういう話になるし、中国政府はそのための「出口」を懸命に模索してきたはずだ。

したがって、中国政府は二〇二二年一二月初旬から中国各地で始まった「白紙デモ」を非常に脅威に感じたのではないか。中国はよくデモを行う国柄だが、さすがに習近平を〝ターゲット〟にするものはなく、かなり珍しい出来事であり、これが広がることを恐れたはずである。

中国政府のデモへの対応は、割と迅速な反応をみせる。当該地元の共産党幹部を直接向かわせデモ当事者と話し合い、謝罪なりをして緩和を目指す。要は中国共産党全体ではなく、地元政府の責任にさせるのだ。その意味において、中国はデモに対して欧米諸国よりも敏感ではないか。

中国政府はどんなデモに対しても確実にそうする。それでも止まらない場合には、香港に対する振る舞いをみてもわかるように、全力で潰しにかかる。

だから、二〇二二年一二月の段階においては、中国政府はゼロコロナ政策を緩和することで、デモの要求に少しだけ応じることにより、デモの勢いを抑えようとしたわけである。

それがうまくいけば、一つの危機を乗り越えたことになる。ただ、そのためには世論づくりが必要となる。

「いままでの三年間のゼロコロナ政策はいったい何だったのか？　間違っていたのか？」

そうした世論をこれ以上膨張させないための口実を、前もって準備しなければならなかった。先に記したように、習近平自らがＥＵ大統領に、オミクロン株が弱体化したから以前ほど危険ではなくなったと伝えたのも、その一つと思われる。

ロックダウンを徐々に終わらせる、もしくは緩和させようとする習近平の肚が透けて見える。すでに上海など一部の地域では、隔離について各家庭に振り分ける措置に変更となった。

ロックダウンと利下げの関係性

過激なゼロコロナ政策の末、実は中国の重大な弱点が浮上してきた。そもそも習近平によるゼロコロナ政策にはプロパガンダ的な要素が強かったけれど、結局は壮大なる社会実験だった。中国がつくり上げた監視システムがどこまで国民を統制できるかを試したわけである。そして今回、ロックダウンのやりすぎで、おそらく監視システムの〝限界〟にぶつかったと思われる。これが一つ。

もう一つは、誰にも言っていない私の考察なのだが、中国は景気減速のなか、どこの国よりもインフレを抑制したかったのではないか、というものだ。つまり、中国もインフレリスクを抱えており、しかも景気が悪いときのインフレは国民の不満を一段と高めることになる。

本来であれば、インフレリスクに対しては、利上げ、金融引き締めで応じなければならない。しかしながら、中国経済の現状は不動産バブル崩壊の只中にあり、さまざまな金融機関と不動産デベロッパーの多くが危機的な状況に置かれている。要は、中国の中央銀行である人民銀行としては利上げしたくとも、利上げできない環境に置かれていた。

そうした状況下、世界はあっと驚いた。中国人民銀行は〝金融緩和（利下げ）〟に舵を切ったからであった。

本来インフレとは需要と供給の不均衡で起きる。民間需要が高まるとインフレが発生する。それを抑制するために、通常は利上げをするわけである。ところが中国の場合、不動産市場と金融市場の脆弱性からそれができない。

その一方で、需要も抑えなければならない。それを実現する〝大荒業〟がロックダウンだったのではないか。これが私の捉え方だが、論理立てて考えれば、決して荒唐無稽の話ではない。

金利を上げられないのなら、強制的にロックダウンをして、モノの生産がままならない状況下、国民の消費と需要を抑え込もうとしたのではないか。高インフレによって国民の不満が溜まらないようにした可能性は十分に考えられる。

当然ながら、ロックダウンには政治的な面と経済的な面もある。中国政府はロックダウンを長く続けることが、経済には悪影響をもたらすのは承知していた。ただし、ロックダウンのすべてが悪いのではなく、需要抑制の面では〝吉〟と出たという可能性は否定できない。

もう一つ、コモディティ高が起きているなか、中国のエネルギー依存体質を考えると、ロックダウンは全般的にエネルギー需要を減らした。

コロナ禍において中国はオーストラリアとの衝突により、オーストラリアからの石炭輸入を停止する措置を講じた。周知のとおり、中国は石炭を膨大に擁する火力発電がメインであることからエネルギー危機に直面、一時期、国内各地で停電が頻発していた。

そのエネルギー危機を乗り越えるためにも、ロックダウンして、人の移動を抑制し、極力消費活動を抑えようと仕向けたのではないか。その可能性も否定できない。

以上のように、おそらくさまざまな側面を中国は抱えており、それを総合的に判断してロックダウン戦法に賭けたのだと、私自身は思っている。

それで二〇二二年一二月に「白紙デモ」という形で国民の不満が爆発し、加えて、そのタイミングでコモディティ価格の相場がかなり下がってきた。インフレが世界的にピークアウトしたことから、習近平はそろそろロックダウンを解除すべきではないかとの結論を下したのではないか。私はそう捉えている。

繰り返しになるが、そのための世論づくりを行い始めた。それを受けて、二〇二三年一二月五日の香港株式市場が前日比四％近い急騰を見せたのである。

急ピッチで鎖国化を進める習近平

ところで、最近ようやく解除されたが、中国においては陰性証明書を持っていないと、中国国民は交通機関を利用することさえできなかった。解除されたとはいえ、場所によってはレストランなどの入店にはいまだに必要のようだ。

　不思議なことに中国政府は、ワクチン接種証明書でなく、せっせとＰＣＲ陰性証明書を提示することを義務付けてきた。中国政府自体も、自国製ワクチンが効かないのを認識していることを物語っているように見える。まあ、ワクチンに頼るのではなく、行動制限をはじめとする統制に重きを置いているのは、いかにも中国らしい。

　いまだにファイザーなど外国製ワクチンを導入していないのは、導入した時点で「中国のシステムのほうがコロナ対策に優れている」ことが覆って面子が潰れるわけで、今後も新たなコロナが流行れば、中国国民はせっせとＰＣＲ検査を受け続けなければならない。


　中国人の海外への渡航制限についても、つい最近まで厳しかった。これは私の捉え方なのだけれど、習近平は中国人があまり海外に出てほしくないという心持ちの人物であるのが大きいのではないか。

　どこか習近平には日本の〝昭和のオヤジ〟みたいな空気が備わっている感じが私にはする。中国が稼いだ大事なお金を外貨に換えて海外で使うのはけしからん。そんなことを考えている可能性すらある。

そうなると徐々にではあるが、いずれソ連と米国が張り合っていた時代のように、ソ連国民はそう簡単に海外へは出られない時代が中国にも訪れるのではないだろうか。「ヒト・モノ・カネ」が外に動かないよう意識的に差配するのだ。つまり、習近平は中国を完全な鎖国、あるいは準鎖国状態に持っていこうとしているのではないか。中国を本来の社会主義国家に戻そうとしているのではないか。もしくは毛沢東時代の中国に戻そうとしているのではないか、と私は思っている。

習近平の振る舞いを見るにつけ、いま指摘した流れは明らかといえるだろう。

先に社会主義国家においては、国民はそう簡単には国外には出られないと示したが、その理由は大きく二つある。一つは、経済的なもので、お金の海外への流出を極端に嫌うことだ。もう一つは、いわゆる海外の思想に汚染されることをひどく怖れるからである。

かつてのソ連はその極限国家であった。第二次世界大戦時にドイツの捕虜となり、数年後に解放され帰国した自国兵士を〝危険人物視〟していた。なぜか。外国のプロパガンダに晒され、汚染された人物として、国家が見做すからだ。

中国にもそうした傾向がはっきりと見て取れる。駐米大使の人事である。従来は親米的な開明派と目される人物か駐米大使に登用されてきた。前駐米大使の崔天凱はその典型的な人物といえたが、二〇二一年六月に交代した。後任は習近平イズムを叩きこまれたタカ派の秦剛で、これまで幅を利かせてきた欧米通の人たちは今後は「海外かぶれ」として、文字通りの冷や飯を食わされるのだろう。

思い出してほしい。習近平はここ一、二年で国内の学習塾やオンライン教育産業を潰してしまった。当然そのなかには英語スクールも含まれている。また、ゲームやスポーツなど海外から入って来るコンテンツを極力排除している。習近平にとってはゴルフ外交などもってのほかなのである。

管理社会を構築して、国民の行動を規制するばかりではなく、考え方や価値観を押し付ける思想統制に踏み込んできているのが習近平。こうなるともう習近平ワールド全開モードに入ったと言って差し支えないだろう。

鄧小平による「韜光養晦」戦略をかなぐり捨てた中国政府

よくよく考えてみれば、改革開放以来の中国がやってきたことは、中国共産党にとっては脅威だったのかもしれない。持続可能ではなかったのだから。資本主義的なモノの考え方を取り入れたりして、欧米に留学した富裕層の子弟は少なからず欧米流の思想、思考法に影響を受けざるを得ない。

また、習近平の娘はハーバード大学に留学したことはよく知られているが、そのところは中国的ダブルスタンダードなのだろう。とにかく習近平は、一般人には欧米で身に着けた〝汚染〟を中国に持ち込んでほしくはないのだろう。

もっと言えば、彼は海外に出ている中国人をことのほか危険視している。だから、中国の公安当局は日本や欧州に無断で「海外派出所」を設置し、反体制派の亡命中国人の行動を監視している。こうした中国の行動は明らかに日本の主権侵害にあたる。すでにスペインの人権団体を皮切りに、各国で実態調査が進められており、結果的に閉鎖に追い込まれる可能性が高いと思われる。

日本の外務省が懸念を伝えると、中国外務省報道官は、「これは在外中国人を支援する出先機関にすぎない」と実に白々しい回答をよこした。

海外派出所の設置以外にも、中国は各国に「孔子学院」プロジェクトを展開してきた。表向きは中国語教育機関なのだが、実際には中国のスパイ組織、プロパガンダ工作の拠点で、監視組織的な役割を果たしていたことが判明、このところ次々と閉鎖が伝えられている。

米国では二〇二一年末には一一三から三四に激減した。日本においては二〇二二年に二大学が閉鎖したものの、依然として早稲田大学、立命館大学など一三大学において活動が続いている模様だ。

孔子学院閉鎖の動きについても、やはり強面習近平の存在が影響しているのだろう。海外に送り込まれた中国の組織は、これまでは外向けの顔と内向けの顔を付け替えることで、うまくやってきた。それが習近平政権の海外に対する振る舞い、発言に強硬の度が高まるつれ、海外組織の展開が維持できなくなってきている。

これまでの中国は、表向きは鄧小平型のいわゆる「韜光養晦」戦略、能ある鷹は爪を隠すスタイルを通してきた。ところが習近平政権が二期目を迎えた頃から、爪を隠さないようになってしまった。

つまり、外向けの顔と内向けの顔を付け替えることを止めて、本来の中国スタイルを貫くようになった。

習近平はなぜ韜光養晦を放棄し、政策姿勢を変えなければならなかったのか。あと一〇年、一五年待てば、国力で米国を抜いたかもしれない。なぜこのタイミングで韜光養晦戦略を捨てることを決意しなければならなかったのか？

プーチンにしても、ノルドストリーム2が完成し、欧州のロシアへのエネルギー依存度が格段に高まった。しかも、代替エネルギーとしてロシアの天然ガスが脚光を浴びることとなった。その矢先に、なぜプーチンはウクライナ戦争を起こさなければならなかったのか？

私は、習近平にせよプーチンにせよ、時間に追われているからではないかと推察している。

体調が世間の想像よりも芳しくないプーチンは、何としてもウクライナをロシアの勢力圏に取り戻したとするレガシーを残したいのだろう。

中国については、中国の政治体制自体に時間が残されていない。それを習近平がおおいに自覚しているということなのだろう。

台湾併合にしても、アジアでの覇権取りにしても、なぜ一〇年後、一五年後でなくて、いまなのか？　おそらく中国の政治システムが崩壊寸前であることを、習近平自身が強烈に認識しているからだと思う。

嫌中派の評論家が言及するように、単純に習近平が愚かだからではない。もちろん、思想的な理由もあるとはいえ、中国の官僚組織、党組織も中国経済の実態を熟知しているからだろう。

これから述べるように、現在、中国の経済や社会問題は相当厳しい状況に置かれている。だから、いまのうちに、政治的に覇権の地位を固めておきたいと考えている。自分たちには時間がないと意識しているのだろう。それが、中国の官僚組織、党組織が習近平に付いていっている背景に横たわっているのだ。

中国がGDPで米国を抜くという説は空論

では以下、経済の厳しさについて述べていきたい。まずは不動産バブル問題だ。

近年、中国の経済成長のほとんどは不動産投資、インフラ投資によるものであった。しかし昨今、投下された資本効率が低くなっていた。アウトプットを出すためには、さらにインプットをしなければ成長は望めない。それが叶わなくなっていた。

不動産バブルが崩壊し、中国の景気が悪くなるということは、世界のマーケット関係者には周知の事実である。だから、香港株は二〇一八年の高値から五六％も下落しているのだ。金融危機の定義を数字で表すならば、指数が高値の半値になるレベルということができる。すでに香港株は半値以下になっているので、金融危機に突入していると言っても過言ではないのである。

もう一つ、経済の実態について紹介したい。中国の本当のＧＤＰは、中国政府当局の発表の六割程度に留まるということを、皆さんはご存じだろうか。

その見方を示したのは、シカゴ大学の研究で、最近ＩＭＦ（国際通貨基金）や世界銀行も似たようなアプローチをとり始めているが、これは各国の経済成長をすべて人工衛星から入手した夜のライト（明かり）量で比べて抽出したもので、過去の映像と当時の各国の経済力を比較した研究結果が二〇二二年一一月、『ＴＩＭＥ』誌に掲載された。

中国のような独裁国家は、ライトの使用量のレベルと経済発展のレベルに大きな齟齬が見られることが判明した。研究結果として得られた結論は、中国のＧＤＰについては政府当局発表の六割でしかないとする衝撃的なものだった。

この研究を見ると、きわめて興味深い事実が浮かび上がってくる。欧米日などいわゆる先進国、あるいは自由主義国家の数字を見ると、「夜のライト量で割り出したＧＤＰ」と

「当局から報告されたGDP」ではほとんど乖離していない。

これが、部分的にしか自由がない国々、民主主義を敷いてはいるがさまざまな問題を孕む国々になるとどうなるか。レバノン、メキシコ、コロンビア、ナイジェリア、フィリピン等々は、「夜のライト量で割り出したGDP」よりも「当局から報告されたGDP」のほうが高い数値になっている。

さらに完璧なる独裁専制国家を見てみると、その乖離がひどくなっており、中国、エチオピアなどはその最たるものであることがわかった。この事実を鑑みると、中国がGDPで米国を抜く、凌駕するという説が空論であることに収斂される。

中国経済はあと一〇年、一五年後には弱体化することを、中国自身がわかっているのだ。バブル崩壊後の日本のように、活力を失い、国力も沈んでいくと意識しているのかもしれない。

権威主義国家を苦しめる食料インフレ

次に社会問題である。深刻なのは食料に関わることである。

一般的な中国人の食生活に不可欠な食材は、大豆とトウモロコシと豚肉と言われている。大豆とトウモロコシは豚の飼料になるので、大仰に言えば、中国人とは三位一体の関係を成す。

こうした食料はコモディティ相場とは切っても切れないものなのだけれど、大変興味深い現象が見られる。例えば、トウモロコシ価格が上がった年には、肉の価格が下がることが多いのである。特に牛肉の場合は顕著なのだ。

なぜか。本当は来年まで育てて大きくしてから売るつもりであった牛まで、屠殺して売ってしまう傾向が強くなるからである。だから、トウモロコシ価格の高かった年には牛肉価格は下落し、その翌年は市場に出回る牛肉自体が減るため、価格は急騰することになる。

二〇二二年夏のトウモロコシ価格はかなり高かったことから、おそらく二〇二三年の牛肉価格は上昇するものと私は予測している。牛肉市場をウォッチするには、米国のシカゴ市場の素牛（フィーダーキャトル）先物市場が適していると思う。こちらは牛肉だけれど、流れ的には豚肉も大差がないからだ。

こういうサイクルは、農作物についてもよくあることで、その年の価格が上がっていたら、翌年はまったく振るわない。と思ったら、その翌年は急騰したりする。要は、農業従事者が相場を見ながら〝生産調整〟するわけである。

その意味では中国は豚肉、大豆、その他もろもろの作物が不作となり、食料危機に発展する火種を常時秘めている。すでに一部の作物については価格が急騰しているので、その不満が各地で発生するデモの要因になっている可能性もある。

先にふれた二〇二二年一二月に起きた「白紙デモ」のとき、掲げられたのは白紙だけではなかった。白紙に紛れて「もっと自由を！」、そして「飯を食わせろ！」と書かれたものもあったのだ。

余談になるが、他国に目を転じると、ここのところスリランカ、イランなどでも大型デモが起きている。その要因は当然ながら、食料インフレがあまりにも厳しいからだろう。権威主義陣営である中国、ロシア、イランなどでは早くも食料危機が訪れているのではないか。そんな印象を私は抱いている。

ここをどう乗り越えるのか。いまのところ、中国を初めとした権威主義国家は、国民の怒りをガス抜きする政策によって乗り越えようとしているように映る。だが、これは本来の権威主義陣営の〝流儀〟ではない。逆だ。

イランなどは拒否しているけれど、権威主義陣営ではモラル警察を廃止することをチラつかせたりしており、行き詰まり感を垣間見せている。それらの原因をつくったメインは、やはり食料インフレだと思う。

食えなくなる。国民にとって、これ以上の苦しみはない。他の自由や人権については我慢できるけれど、飢えだけはどうにもならない。今後、中国などでは社会不安が高まっていく可能性を抱えているのだ。

米中関税報復合戦による痛み

そしてこの食料問題に関し、中国は米国に弱みを握られている。中国は農産物を毎年、米国から相当量輸入している。中国は経済安保上、相手陣営に強く依存したくないはずで、本音では米国からはあまり買いたくないだろう。しかし、背に腹は代えられない状況になっている。

米国は中国からアパレル、家電、雑貨、家具、アセンブリー部品などを輸入している。その逆の、中国が米国から輸入する品目のほとんどは、食料（農作物、肉類、酒類）なのである。

そして、トランプ政権時代から米国は中国製品や品目に対して高関税をかけるようになった。そこで、中国も米国の高関税に対抗して、同程度の関税を輸入品にかけると宣言し、実行した。

しかし、両国の事情は大きく異なっていた。先に述べたように、中国が米国から輸入する品目のほとんどは食料である。これに高関税をかけてしまい、最終的には消費者である中国国民を苦しめることになったのである。

ただ、米国民も高関税分のコストを引き受けなければならないので、お互い様とも言えないこともない。そこで米国は輸入物価を下げるため、意図的に〝ドル高〟に持っていった。中国の二〇％の追加関税分を二〇％のドル高で〝相殺〟したわけである。

だが、中国は米国と同様の手は使えない。知ってのとおり、このところどんどん人民元レートが下落している。輸入はできるものの、輸入価格はドルベースで高くなったし、さらに米国への報復措置としてかけた追加関税分が上乗せされている。中国国民からすれば、報復関税が痛みとなって刺さってきたのだ。

こうした措置を、バイデン政権が撤廃するかもしれないと、中国側は期待を抱いていた。だが、それは見事に裏切られ、今日に至っている。

中国が国内では移動制限し、海外への渡航を許した理由

さて、話をふたたび「習近平ワールド」の酷さに戻そう。

三年前にコロナが世界中に拡散した際、どの国もロックダウンに踏み切って、生産活動を停止する事態に陥った。真っ先にロックダウンし、その後、世界に先駆けて経済を立て直したかのように見えた中国は、「われわれが最初に取ったロックダウンをしてコロナを抑え、いち早く生産開始にこぎ着け、世界に供給する道を開いた。結果、経済のV字回復を成し遂げた」と喧伝しまくった。

たしかに中国はとてつもなく厳しい移動制限、隔離政策を行った。その意味での中国の国内対応は間違っていなかったと思う。けれども、中国政府は自国内で移動制限をしているのにもかかわらず、中国人が海外に出るのを止めようとしなかった。

中国政府が〝意図的〟にコロナウイルスを海外に拡散したかったことを、ここで明言しておきたい。自国はコロナウイルスにやられてしまった。それならば、全世界にコロナを

拡散させれば、自国のみがコロナに苦しめられるわけではなくなる。そういう思考回路が働いたに違いない。

自国において移動制限をして、中国人が上海から北京に行けないときに、どうして米国に行けるのか。普通は米国に行かせないはずだ。これはあからさま、見え見えではないか。だから、他の国々はもっと早く外国人の入国を止めるべきであったが、止めなかった。止めなかった理由は、自国の景気が悪くなるという非常に目先の利益を優先したからに他ならない。もちろん、その国の政治、役人も悪かったし、ＷＨＯ（世界保健機関）も悪かった。ＷＨＯはずっと渡航制限をしないよう、各国に呼び掛けていた。

これはおそらく中国側からの〝圧力〟にＷＨＯが屈したことを物語っている。コロナの実状を把握して自国内で移動制限を行っているのに、中国はＷＨＯに圧力をかけて、世界中に渡航制限をしないようアナウンスさせたのである。

二〇二〇年二月下旬、私は米国の地にいた。まだ米国大統領選挙での民主党候補者選びが混沌としていたときだった。二月下旬といえば、日本でもコロナ禍が始まり、大変な状況になりつつあった。

マスクをしてロスの空港に着いたら、誰もマスクをしていないではないか。この時点では米国はまだ好景気に浮かれていた。米国の各大都市は旧正月を利用して訪れた中国人観光客でごった返していた。

でもこれについては、先にも触れたとおり、日本も含めた諸国政府が悪い。入国ストップをかければ自国の観光業が干上がってしまうと思っていたからだ。結果的には、〝甘く〟見ていたわけである。

ただもう一つの要因は、各国政府にはコロナの実態がクリアにわからなかったということがあった。WHOは中国に牛耳られているし、さらに中国は自国の深刻なコロナ被害の情報を外に伝えようとしなかった。

三年後に裏目に出たロックダウン政策

繰り返しになるが、コロナ禍の初期段階において、中国はうまくやってみせた。欧米が大変な状況に陥っているときに、得意げに「わが国のシステムのほうが優れている」と内外に喧伝した。実際に欧米が多くの死者を出し、ロックダウンして喘いでいるなか、中国は経済活動を再スタートすることができた。

しかしながら、そのことがここにきて中国には〝裏目〟に出てしまった。たしかにこの三年間に多くの国は大変な犠牲者を出してきたものの、「ウィズコロナ政策」を講じたために、その分コロナに対する耐性が備わってきた。

これは私見だが、そのなかでもコロナ対策を一番うまく進めたのは日本ではないだろうか。まず、もともと日本にはマスク文化があり、マスク使用率が世界でダントツに高いこと。調べてみたら、一九一八年にスペイン風邪が猛威をふるったとき、日本人の間でマスクが流行っていた。けれども、それだけではなかった。

おそらくメインの理由は一九二三年の関東大震災に見舞われたことであった。建物が倒壊したことで、生活空間一面に不潔な塵芥が漂っていた。それから身を守るために、日本人はマスクで自己防衛に励んだのである。

日本人はコロナやインフルエンザが流行っていない冬場においても、三人に一人くらいがマスクをかけている。これが一つ目の理由。

二つ目は、日本は元来パーソナルハイジーン（個人衛生）概念が高い国であるということだ。手を洗う比率が高い。各所にアルコール消毒液が設置されている。ボディタッチの習慣がない。もともと人との接触が少ないから、感染が広まりにくい。

だから、日本は夜の繁華街の規制など部分的なロックダウン程度で、コロナ禍を乗り越えてきた。一方、欧米諸国のほうが本格的なロックダウンを敷かざるを得なかった。

私の母国のトルコも、日本並みにパーソナルハイジーンは高い。日本と異なるのは、手洗い習慣はしっかりあるが、マスクはしないし、ハグなどの接触習慣はある。

日本とトルコとの共通点は手洗い習慣のほかに、各家庭には必ず「コロンヤ」と呼ばれるアルコール八〇度の消毒液が置かれてあること。これはトルコの伝統文化で、手の除菌と香りによるおもてなしを表現するものだ。さまざまなフレーバーがあって、人気が高いのはレモン、あるいは私が大好きなタバコの葉のものだろうか。

もう一つの共通点は、家に入ると靴を脱ぐという生活スタイルだ。ウイルスや菌を家のなかに持ち込まないというメリットがある。欧米のコロナ被害が深刻度を増したのは、ひょっとするとこの生活スタイルの違いだったかもしれない。

話を巻き戻すと、ここ三年間、各国は良くも悪くもコロナと戦ってきて、集団免疫に代表される耐性を獲得した。翻って、ゼロコロナ政策に固執した中国は耐性なるものを得られなかった。ゼロコロナ政策が裏目に出てしまったということになる。これは取り返しのつかないことになる可能性を孕んでいると言わざるを得ない。

下手にゼロコロナ政策を解除してしまうと、集団免疫のない中国で一気にコロナが拡散される危険性がある。二〇二二年一二月、英国の医療調査会社エアフィニティでは、「中国がゼロコロナを解除すると一三〇万人から二一〇万人の死者が出るリスクがある」との推計を発表した。これについては二〇二二年四月の段階で中国政府も認めており、ゼロコロナを緩和したときには約二〇〇万人の死者を出すとの試算値まで示していた。

ここには中国の医療制度がきわめて貧弱だという深刻な背景が横たわっている。しかも中国は高齢社会に突入している。それもあって、欧米日のようなウィズコロナ政策に踏み切れなかったところもあるのではないか。

そうした事情を配慮しても、明らかに中国はゼロコロナ政策ではやり過ぎてしまった。これも社会主義国家、共産主義国家の特徴なのだが、指導部から「弾力性をもってうまく対処してくれ」と命じられても、現場の人間は〝ポイント稼ぎ〟のために過剰に出てしまいがちだ。要は頃合いがわからず、どうしても上に忖度し過ぎるからだ。

昔から中国の公式統計はアテにならなかった。各省から出された数字を合算したものと、中央統計局が出したものに乖離が見られたのも、中国ならではの現象なのだろう。

こうしたことは毛沢東時代の一九五八年五月から六一年一月まで行われた「大躍進政策」のなかでも見られた。原始的な高炉で鉄鋼をしゃかりきになってノルマ達成のために増産したのだが、結局、使いものにならない低品質の鉄鋼をつくっただけであった。そういう意味では、かねてより中国人はノルマ達成やポイント稼ぎが得意だったようだ。


江沢民時代、胡錦濤時代の中国人の多くは、「より自由になれる」とする淡い希望を抱いていたように思う。中国共産党一党独裁のなかでどう自由になれるのか？　何を契機として変わっていくのか？　政治的にどんな変化が起きるのか？　そんな期待はあったものの、誰もその結末を見出すことはなかった。

だが、習近平政権の誕生後、そうした期待はすべて崩れ去った。少なくとも共産党支配が続く以上、中国が民主化、自由化するという期待は持てないし、どんどん社会主義国家の特徴が強化されてきた。

そういう観点も含めて、われわれは世界経済のブロック化を考えるべきであろう。すでに世界はその方向にスタートしている。

米国にとどめを刺された中国の半導体セクター

なかでも一番戦略的に重要なのは半導体セクターといえる。二〇世紀にもっとも戦略的な資産は原油だった。半導体は二一世紀の原油である。

気付いていない人も多いだろうが、米国は中国の半導体市場を潰しにかかった。実質上、中国の半導体市場は米国により崩壊された。この影響は一九九〇年代における日本のバブル崩壊レベルとは比べられないほど、徹底的に中国にダメージを与えたと思われる。

一つは、米国は工作機械や戦略的なコンポーネントの中国への輸出に規制をかけたことだ。しかも自国だけでなく、日本やオランダなどにも規制を要請した。特に注目すべきは、最先端露光装置（フォトリトグラフィー）製造で世界トップのＡＳＭＬに中国と取引を禁じるよう、米国が強力な要請を行ったことであった。

露光装置とは、ウエハ（シリコン板）の上にミクロ単位で回路パターンデータを焼き付ける装置のこと。いま半導体メーカーで使われている五ナノ、七ナノ用の露光装置のほとんどがＡＳＭＬ社製であることから、これが調達できないと必然的に五ナノ、七ナノの半導体は生産できない。

ちょっと詳しくなってしまうが、もともとこの露光装置の技術はエクシングといって日本のニコンのものだった。最近まで特許を巡り、ニコンとＡＳＭＬの間で揉めていた。だが、ここにきてニコンとキヤノンの日本勢はＡＳＭＬとは異なる方向に向かった。ということで、いまは最先端露光装置の分野ではＡＳＭＬの独壇場となっている。

ともあれ、中国はＡＳＭＬから最先端露光装置を輸入できなくなってしまった。

もう一つは、米国は一撃で中国のファーウェイのスマホ事業を潰した。グーグルによるアンドロイドを含むアプリケーションの提供を強制終了させたからだった。それでファーウェイはスマホ事業を縮小し、スマートウォッチ事業に転換せざるを得なくなった。

もう一つ、実は米国バイデン政権が重要な戦略を講じたことで、中国はとどめを刺されたと私は捉えている。「米国人および米国籍を持っている人間は、中国の半導体企業で働いてはいけない」とする法律をつくったのである。

それを受けて大仰でなく、対象となる米国人、米国籍のエンジニアは一夜で中国の半導体企業から去っていった。もちろんエンジニアには白人もいたが、その多くは米国で学んで中国系企業に入社したチャイニーズ・アメリカンであった。米国の措置は国籍剝奪レベルのもので、否応なしだから、従わざるを得ない。一夜にして中国は米国に〝とどめ〟を刺されたわけである。

周知のとおり、米国が何かを成し遂げようとするときの動きには凄まじいものがある。この国は決して中途半端なことはしない。

おそらく日本も米国に追随して、日本人エンジニアもすべからく、技術安全保障上の観点から中国企業で働いてはならないと日本政府から通達が出されるだろう。このようにさまざまな意味において、中国は米国を核とする勢力に封じ込まれてしまった。

その一方で、米国はトランプ政権時代から中国人エンジニアにハイテク技術を盗まれないよう、中国籍留学生・研究者のビザ発給を制限してきた。

いま米国は中国人に限らず、外国人に対する就労ビザを出していないのをご存知だろうか。イーロン・マスクが買収したツイッター社の大幅なリストラが話題になっているが、その裏側でこんなことが起きている。大半が三カ月の退職手当をもらって退社したけれど、残った社員もいる。

なぜ残ったのかというと、彼らはみな外国籍だからだった。退社してすぐに次の勤め先が見つからないとビザが失効し、本国に戻らなければならない。彼らのほとんどが保有するビザは特殊技能を持つ外国人に与えられるH－1B。厳しい人数制限があることと、一度本国に戻ってしまうと次に取得するのが非常に困難なことから、ツイッター社に留まることを選択した。

これらはトランプ時代から始まっていることだが、バイデンに替わってからも、基本的にはトランプの対中政策をすべて継続させてきている。

かねてより私が主張しているように、これは米国の〝国家政策〟であり、トランプ、バイデンうんぬんではない。かつての日本がやられた「ABCD包囲網」みたいなものを、米国が中国を相手につくってしまっているわけである。

それがもたらす結果は、当然ながら、「ブロック経済化」に行き着く。

そうなると何が起きるのか？　まずは通信規格が変わる可能性大だろう。ファーウェイやZTEはアジア、南米、アフリカなどで躍起になって通信インフラを建設している。ところが、ブロック経済化が厳しくなってくると、当該地域において欧米の製品が使えなくなったり、不適合になってくる可能性が高い。つまり世界に二つ、異なるシステムが展開されることになる可能性が出てくる。

そうなったときに中国がどう動くのか。米国のオルタナティブな存在になり得るのか。そこが一つのポイントだろう。

経済的に弱体化していく中露ブロック圏

その場合、みんなあまり気付いていないことがある。一九九一年一二月にソ連が崩壊したが、その要因の一つには、米国のコンピュータ技術に追いつけなかったことがあるのだ。ライバルにもなれなかったのである。

一九五〇年代、六〇年代にソ連は米国と同様に自力でコンピュータの研究開発を行っていた。当時としては優れたモノをつくってはいたのだが、結果的に生産量で米国に圧倒的な差をつけられてしまった。米国ではすでにＩＢＭが台頭、世界市場を席捲しつつあった。

そして八〇年代に入ると、ソ連はコンピュータ分野で米国と張り合うのを完全に諦めてしまった。パソコンのオリジナルＯＳ、ハードウェアについての研究開発もギブアップした。国内で生産、販売していたパソコンはＩＢＭの模造品だった。半導体についても、ソ連は自力でつくれなかった。

ただ六〇年代あたりまでは、米国と割合と拮抗していた時期もあったとされる。ソ連のコンピュータ研究開発部門は二つに分かれていた。ソ連共産党指導部に近いチームと、そうではないチームが競い合っていた。結局、軍配があがったのは指導部に近いチームが開発したシステムで、効率性ではライバルチームに劣っていた。これは政治的な理由そのもので、まったく合理的な意味がない。

旧ソ連のような権威主義的国家のどこが一番駄目かというと、市場メカニズムで動かないことに収斂する。最優先するのがコネクション、思想的理由ではいただけない。

仮にそのときにソ連指導部が正しい選択をしたとしても、先に記したように、生産台数で米国にまったく歯が立たなかった。また、自国にコンピュータの市場が育っていなかったことから、半導体の工場をつくっても意味がなかった。

そういう理由から、ソ連はＩＢＭ製品で使われているようなコンポーネンツ、半導体などを輸入、ＯＳもＩＢＭ製品に似せたもので済ませた。これでは米国に負けるのは当然であろう。

旧ソ連といまの中国の姿が被っているような気がするのは、私だけではあるまい。

中国には資本はあるかもしれないけれど、米国のオルタナティブをつくれるほどの技術力は備わっていない。

ただし、特に中国が莫大な金額を注ぎ込んでインフラ投資を行っているカンボジア、ミャンマー、パキスタン、アフリカ諸国などにおいてはそこそこの性能のオルタナティブをつくれるだろう。だが、中国が本格的な欧米のオルタナティブになり得るほどのものをつくれるかといえば、私自身は厳しいだろうと思う。

結果的にブロック経済化のたどり着く先とはどういうものなのか。中国は一般消費財の生産拠点としての立ち位置を継続しながらも、戦略的なエリアであるハイテク技術については米国に相当遅れを取ることになるのだろう。結論を申し上げるなら、今後の中国は経済的にはかなり〝弱体化〟していくのではないか。そう私は捉えている。

米国は完全に中国を潰したいわけではなく、狙いはあくまでも中国を弱体化させることにある。むろん、米国が望むのは、中国が自主申告している数字でなく、本当の意味で米国を抜いて世界経済で君臨するような世界ではない。

中国には従来どおり、アパレルや実用品など大量生産・大量消費型経済を牽引してもらう。けれども、〝キーセクター〟である自動車、航空機、半導体、さらにそれに付随する軍事技術において、欧米の自由主義世界を超えないよう、米国はすでに対策を打ってあるのではないか。私はそう考えている一人である。

したがって、今後やってくるブロック化とは、欧米と中国が対等に渡り合うブロック化ではなく、大きなブロックと小さめのブロックに分かれていくという形だ。中露が中心となる小さなブロックはたしかに人口は多いけれど、技術的にはアドバンテージを持つことはない。それゆえにこのブロックは弱体化していく運命にある。

投資の呼び水となるＴＳＭＣの日本進出

その象徴的な動きがアップルに見られる。

昨年一二月初旬、「iPhone」の生産拠点を中国から他国へ移動させるというニュースを落手した。これまで中国におけるiPhoneのアセンブリー（組み立て）は、世界最大の下請け企業のフォックスコン（鴻海精密工業・本社台湾）が請け負ってきた。コロナ禍で従業員が不足した河南省鄭州市の主力工場ではなかなか生産体制が平時に戻らなかった。そんなことを受けて、アップル本社はインド、ベトナムを候補として挙げていた。

例えば「iPhone Pro」のラインアップについては、八五％が今回問題が起きた河南省鄭州市の工場でつくられている。

かつての米国企業はこうしたリスクをあまり気にしなかったが、近年では様変わりして、そうとうナーバスになっている。

けれども、インドもしくはベトナムに工場を移転して、円滑な生産体制が築けるのだろうか？　そういう問題がある。私の正直な胸の内を明かせば、できないと思う。

インドに半導体製造ができるのなら、コスト対策からとっくにやっているはずだからだ。やはり、規律に優れた労働者を大量に揃えられるアジアの国でないと厳しい。

その意味においては、インドにiPhoneのアセンブリー工場を移転させるのはかなりリスキーである。

ベトナムは労働者のクオリティに関しては問題ないけれど、巨大工場を回していけるのかとする、規模的な問題が気懸かりだ。

そうなると浮上してくるのが日本ということになる。私は日本に白羽の矢が立つのではないかと期待している。フォックスコンがシャープを買収した経験を有していることも有利に働くのではないか。

その呼び水となりそうなのが、半導体受託生産の世界最大手のＴＳＭＣ（台湾積体電路製造）の日本進出だろう。ここはソニーグループとデンソーとの共同工場を熊本県菊陽町に建設、二〇二四年一二月の生産開始を予定している。

ただし、この熊本工場で生産されるのは一〇～二〇ナノ程度の半導体であるとのアナウンスがあった。これはいまから一〇年前の半導体のレベル。自動車向けに使われるのが前提とされているからだ。その一方で、最新のiPhoneに組み込まれるのは五ナノで、かなりレベルが違う。

私自身はこのアナウンスは表向きのもので、いずれ五ナノ、七ナノの半導体を日本でつくる肚積もりなのではないか。そう睨んでいる。

なぜなら、私の読みでは、ＴＳＭＣが日本進出に踏み切ったのは、台湾有事の際の〝疎開先〟として日本を選択したからだ。

ここに来て欧州で半導体技術を中国企業に渡さないために、本来なら円滑に進められたはずの買収案件が白紙になる例が連続して起きている。ずいぶん前から私は、世界経済のブロック化は、おおいに日本には〝追い風〟になるはずであると主張し続けてきた。それがいまになってようやく、さまざまな動きがメディアの報道として出てきている。

読者諸氏のなかには、なぜ日本の半導体企業が最先端の半導体を生産できないのか不思議に思っている方がいるかもしれない。先に論じたＡＳＭＬの露光装置のような研究開発には莫大かつ切れ目なき投資と人材投入が不可欠である。

昨年、日本政府が二ナノ、三ナノの研究開発に七〇〇億円の予算を付けると表明していたが、これは半導体セクターの予算としては少なすぎる。欧米台では兆円レベルでの開発費が常識とされている。実際にＴＳＭＣなどは二〜三兆円の研究開発費をかけている。さらにＴＳＭＣは三ナノ品と四ナノ品を量産するための新工場を米アリゾナに建設中で、ここに投入する金額は五・五兆円におよぶ。このあたりの感覚が日本政府の場合、まだまだずれていると言わざるを得ない。

日本の半導体企業にできないわけではないとはいえ、いまからチャレンジするにはお金がかかりすぎるし、ハードルも高い。だから、どちらかというと、日本側がエンジニアと場所を提供、外国企業側が技術を持ってくるような、今回のＴＳＭＣとソニーが組んだようなスタイルのほうが正解だろう。

このような新たなスタイルで行えば、日本の半導体企業が復活できる可能性はおおいにあると私は思う。ぜひチャレンジしてほしいものだ。

第二章

サプライサイド経済が破綻した米国の窮地

一九八〇年代まで自社株買いを禁じられていた米国

インフレ下の日本企業が他国と違うなと感じるのは、価格転嫁しないようギリギリまで頑張るところだろう。こうした振る舞いを見ていると、私などは、日本こそが真の「社会主義国家」であると思ってしまう。

これに対して米国企業はどうなのか？　米国企業が価格転嫁しないように耐えるということは断じてしない。米国企業は日本企業とは真逆のアクションを取った。インフレに反応して、速攻で価格転嫁してきたのである。

いまの状況を米国メディアは「今回の高インフレはウェイジ（賃金）インフレ」だとの論調を張っている。私はそうではないと思っている。なぜなら、米国の年収をＣＰＩで割った図を作成したら、むしろ実質賃金は下がっているからだ（次ページ参照）。

では、実際に米国では何が起きているのか？

インフレが起きている真っ最中の二〇二二年、米国企業は小売業も含めて、史上最高の利益更新を達成した。これはインフレに反応して、どんどん価格転嫁してきたからであ

米国人の賃金は本当に上がっているのか？

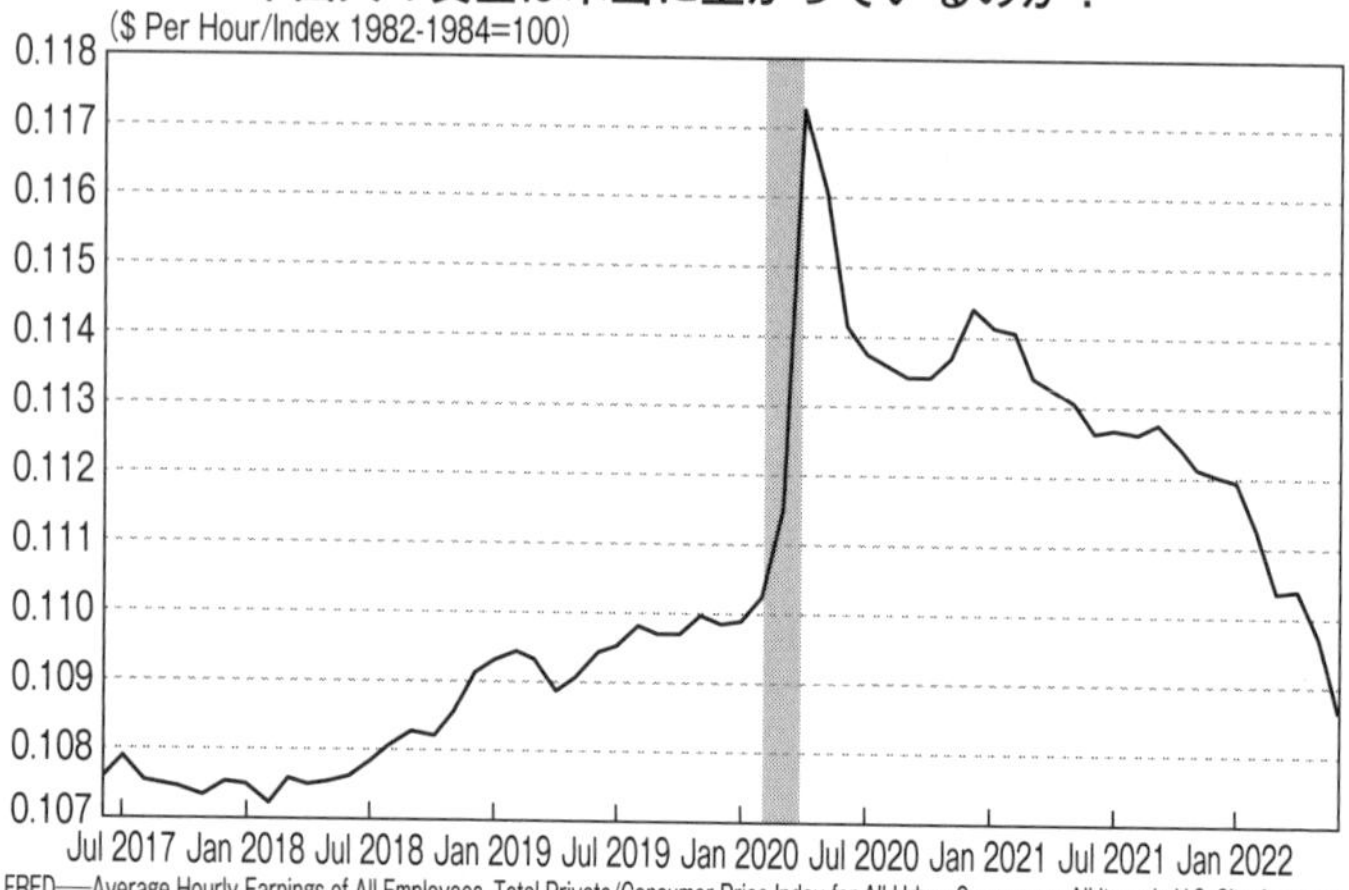

FRED—Average Hourly Earnings of All Employees, Total Private/Consumer Price Index for All Urban Consumers: All Items in U.S. City Average
出所：複眼経済塾（ソース：FRED）

る。

いや、もっとあくどかった。インフレを口実にして、インフレ率〝以上〟の価格転嫁を行ってきた。やはり米国企業も経営者も持ち前の強欲さを発揮し、米国のインフレを膨張させてきた。これが真相だ。むろん、ＦＲＢの政策ミスも誹りを免れない。これについては、あとで詳しく論じたい。

日本でも企業物価が二〇二二年九月に一〇・三％（前年同月比）まで上昇した。しかし、日本の同月の消費者物価は三％増だった。ということは、この隔たりの七・三％増を企業側が吸収してきたことを意味する。

米国の場合はどうか。企業物価が最高一一・三％増まで高まったが、企業物価と生産者物価（ＣＰＩ）とが離れても二％程度で、日本とは格段の差がある。

自由主義、資本主義国家において活動する企業は何をしてもいいのかもしれない。そうであれば、私自身は別のところで規制をかけるべきだと考える一人だ。

例えば米国の場合、なぜここまで企業がしゃにむに利益を上げようとするのか。それは、最終的に自社株買いで株価を高めることで、経営者に〝過剰〟な報酬がもたらされるシステムにしているからである。ちなみに経営者の現金報酬と株式報酬の対比は一般的に「二対八」とされている。規制をかけるならば、まずは企業経営陣の自社株買いの禁止を真っ先に行うべきだ。

実は米国では一九八〇年代まで、自社株買いは禁じられていた。それをレーガン政権のときに解いた。以降、歴史的に共和党政権になると、経営者に対する縛りが緩くなり、民主党政権にもどると再び引き締める展開が繰り返されてきた。

その意味でいまの米国は危機的な状況に立たされているのではないか。私はそう捉えている。

トリクルダウン・エコノミクスという幻想

中国のみならず、米国もまた、国家的危機に直面している。それはこの四〇年間行っていた「サプライサイド経済学」が行き詰っているからに他ならない。解説しよう。

一九二九年に米国で大恐慌が起きたのだが、それ以前の米国はものすごく自由活発で、「Roaring Twenties」（狂騒の二〇年代）と呼ばれていた。昔の米国映画に一番よく出てくる、いわゆる「華麗なるギャッツビー」の時代。要は、バブルの時代であった。

二九年にバブルが崩壊、米国が大恐慌に突入した後、フランクリン・ルーズベルト大統領の時代になった。いまのスタンダードでいうならば、ルーズベルトはほぼ社会主義者。現在ならば、ルーズベルトは毎日FOXなどのメディアに叩かれ、潰されているのではないか。

民主党のルーズベルトが大統領になってから、銀行セクターに規制の網が被せられた。さらに、企業内の組合を承認、年金保険制度の導入と充実をはじめ、ありとあらゆる社会基盤的なシステムを構築していった。

言葉を換えれば、「お金持ち潰し」だろうか。ルーズベルト自身は選挙で、「私はこの国の利権団体やそうした陣営に嫌われている。だが、それで結構」と述べていた。

そのときに導入された銀行規制は、「商業銀行」と「投資銀行」を明確に分離することだった。国民が預金する部門と投資専門の部門を完全に分けた。さらにFDICという預金保険制度がつくられ、破綻した商業銀行への二五〇〇ドルまでの預金が保証されることになった。ちなみに現在は二五万ドルまでの預金が保証されている。

なぜ、こうした措置が取られたかというと、当時の米国では、銀行の商業部門が集めたお金を、投資部門がギャンブル的な投機の原資にすることが当たり前のように行われていたからだった。

このルーズベルトが導入した銀行に対する規制は、一九三四年から機能し始め、一九八〇年まで約四五年間続いた。また、民主党のリンドン・ジョンソン大統領は一九六五年に初めて国家による医療保険メディケアとメディケイドを導入した。それまではすべて民間の保険会社が運営していた。

一方、一九七〇年代から米国の右派、本格的な保守思想運動をリードしたのはアメリカンエンタープライズ研究所やヘリテイジ財団などのシンクタンクだったが、その特徴は強力な〝政治ロビー活動〟にあった。

同時に、「小さな政府」理論を掲げるミルトン・フリードマンのような論客を味方につけた。

さらに、一九七〇年代に米国は大きな危機、高インフレに見舞われた。これを端緒に、米国右派は富裕層によるロビー活動を積極展開し始めた。

加えて、米国右派は「トリクルダウン・エコノミクス」という考え方を広めようとした。これは小泉政権下の竹中平蔵氏が振りかざしていたことでも知られる理論で、「金持ちや大企業が儲かるほど富が国民全体に行き渡り、経済成長を促す」というもの。図式としては、シャンパングラスが何段にも積まれ、上からシャンパンを流し続けると、次第に下の段のグラスにしたたり落ちていく。

具体的には、もっと大企業や富裕層に対して減税をし、規制緩和を行えば、大企業や富裕層はより一層お金を使うようになり、景気が活性化するだろうというもので、完全に「サプライサイド経済理論」に依拠する。

これが実行に移されたのが一九八〇年代のレーガン政権時代だった。大企業や富裕層に対して減税はもちろんのこと、規制緩和の一つとして、企業の自社株買いが解禁された。

これで何が起きたのか。七〇年代まで米国の大企業CEOの年収は、当該企業社員の平均年収の二〇倍~三〇倍に留まっていた。例えば、社員の平均年収が一〇〇〇万円であれば、二億円~三億円。これはいまの日本でもおかしくはない数字だ。

それが現在はどこまで拡大したかというと、社員の平均年収の三〇〇倍~四〇〇倍。とんでもないことになっている。

こうしたデタラメを可能にしたのはすべて、トリクルダウン・エコノミクスという考え方である。そして規制緩和により、企業が自社株買いできるようになったことで、自社株買いに走り、株価を押し上げた。先にも記したように、CEOの現金報酬と株式報酬の対比は二対八なので、彼らは血眼になって株価を上げようとしたわけである。それはいまも続いている。

世界中に蔓延する異常な格差拡大

「サプライサイド経済理論」に沿った政策を展開した一九八〇年代以降の米国は、明らかに大きな変化を遂げた。生産性そのものは抜群に伸びたにもかかわらず、被雇用者の給料、とりわけ中流階級の給料が伸びず、どんどん弱体化した。その結果、米国の資産の大半を、上位一〇%の人たちが独占することとなった。

そこでようやく人々は、トリクルダウン・エコノミクスがただの〝戯言〟であったことに気付いた。富裕層、大手企業は必要以上にお金を使わず、きちんと課税しなければならないことを認識した。

したがって、いまの米国では、サプライサイド経済を変えようとする陣営と、維持しようとする陣営との壮絶な闘いが繰り広げられている。そのなかで貧富の格差が広がっており、ミレニアル世代、Zジェネレーションの人たちはさらに異なる価値観を備えている。

いまから九四年前の一九二九年に大恐慌が発生、その衝撃により米国内に大きな政治変革がなされた。コロナ禍に晒されて以降の米国には、まだそれにあたるような政治変革は起きていない。

問題は、米国内の社会的な分断、二極化であろう。これがかなり危険な水域にまで達してきている。難儀なのは、民主党と共和党の二大政党に政治的な差別化がなされていないことだ。

根本的に同種で、バイデンが来ようがトランプが来ようが、大きくは変われない。政治システムがグリッドロック状態に入ってしまっているからだ。二〇二二年の中間選挙で下院のマジョリティが共和党に変わり、ねじれが起きたことから、バイデン政権は大きな改革を断行するのは難しい。そこをどう米国が乗り越えていくのか。

米国の歴史を振り返ってみると、たいてい八〇年に一回は〝存亡〟の危機に直面してきた。

一七八〇年代に独立戦争。一八六〇年代に南北戦争。一九四〇年代に第二次世界大戦。そして二〇二〇年代に入ってきた。

米国の場合、貧富の格差の異常な拡大が問題だと論じてきたが、もっとわかりやすい言葉に置き換えると、「儲けられる人間が儲け過ぎている」わけである。これが米国の中間層を排除したため、一部の富裕層と大多数の貧困層に二分されてしまった。

憧れのクレヨンしんちゃん一家の暮らしぶり

ただこうした現象は米国に限ったものではなく、日本においても程度の差はあれ、同じようなことが起きている。日本における典型的な現象は、住宅価格に現出している。二〇一五年に比べて、日本の平均住宅価格は、平均年収に対して約一二％上昇した。たった七年間のうちにである。

もっとタームを引き延ばすと、例えば二〇〇六年に比べて東京都内の中古物件は四割上昇した。先に示した七年間で一二％上昇は、ＩＭＦの調査によるもの。都内ではなく日本全体であり、二〇二二年第4四半期時点で、二〇一五年に比べて弾き出した数字だ。

ということは、二〇一五年に七〇〇〇万円だった都内の物件であれば、まあ八〇〇〇万円にはなっている計算になる。

そうした状況下、ここ一〇年以上ほとんど賃金が上がらない日本の若い人たちの多くは、自分の家を持てない。これこそは新しい世代であるミレニアル、Ｚジェネレーションが抱える〝共通問題〟ではないだろうか。しかも、日本のみならず、全世界的な問題だと私は捉えている。

その要因は、トリクルダウン・エコノミクスにほとんどの国が多かれ少なかれ染まっていることに他ならない。拡大した貧富の差がもたらしたことで出現したのは、資産を何も持っていない貧困層の増加だ。

よく考えてみてほしい。昔は普通の会社に真面目に勤めていれば、ローンを組んで家も買えたし、車も買えた。その典型例が「クレヨンしんちゃん」といえる。あのマンガが発表されたのはいまから三五年前だった。当時のクレヨンしんちゃんの父親は中堅商社の係長。埼玉県の春日部市に住んでいて、母親は毎日スーパーのタイムセール品を血眼で追いかけている。決して裕福ではない。そんな設定であった。

しかし、いまからみると十分豊かな生活である。一軒家を持っていて、しんちゃんには妹がいるので、四人家族。さらにシロという犬を飼っている。父親は週末にはルーティーンのようにゴルフに出かけている。

これって相当いい暮らしをしているように思えてならない。いまの感覚でいうならば、おそらく年収一〇〇〇万円以上の暮らしだろう。けれども、これが三五年前の日本の中流よりちょっと下ぐらいのレベルだったのである。これがいまの新しい人たち、ミレニアル世代、Zジェネレーションのジレンマだと思う。

アセットレス・クラスの悲劇

これは持論なのだが、いま流行りのサブスクリプション・サービスとは現代の〝貧しさ〟を逆手に取ったビジネスの代表ではないか。私はそう思うのだ。昔だったらみんなCDやDVDやレーザーディスク、大昔ならばレコードを買って、現物を保有していた。そしてそれらは資産として、手元に残る。

しかも、例えばレコードなどは価値が失われずに、いまでも売買の対象になる。私自身は昔のパソコンや中古ゲーム機などを蒐集しているのだが、けっこうな価格が付けられている。

だが、サブスクに頼っているいまの人たちは、サブスクから離れたら何も残らない。彼らはDVD、CD再生機も持っていないし、テレビも持っていない。すべてをスマホ一台に託している。

スマホとは貧乏の〝象徴〟ではないか。そう捉えている人は少ないだろうが、私は、スマホとは究極の〝デフレ〟の産物だと捉えている。これさえあれば、無料のエンタテインメントをいくらでも楽しめる。ということは、スマホがデフレをこしらえているわけである。

スマホ一台で、何もかもが事足りてしまう。かつてはテレビを購入して、ビデオデッキを購入して、パソコンを購入して、コンポーネント・ステレオを購入して、カセットデッキを購入して、CDプレーヤーを購入していた。そして、それぞれの機器に対応する別々のメディアを購入して楽しんでいた。

ところが、スマホ一台とサブスク料金を支払えばいい世の中になってしまった。繰り返すが、サブスクを切った時点で、その人には何も残らない。何の資産も持っていない、いわば「アセットレス（資産ゼロ）・クラス」の人たちを膨大につくり上げてしまったのが、サブスクというビジネスなのだろう。

しかしながら、不思議と世の中に私のような意見が出てこない。日本はかつて一億総中流国家などといわれたが、いまやそれは幻想にすぎず、中流クラスはほぼ死滅し下流に合流したかのようだ。いまの日本は、米国ほど格差がないものの、やはり一部富裕層とアセットレス・クラスで構成されていると言っても過言ではないだろう。

いまや家や車を所有するのは時代遅れで、所有から利用へ移行するのが賢いと喧伝する向きもあるけれど、私は異議を唱えたい。

みんながみんなかたくななミニマリストになるのは、私はよくないと思うのだ。では、世の中のお金持ちは何をしているのだろうか。猛烈な勢いで資産となるべきモノを買い占めているわけである。お金持ちのミニマリストなど聞いたことがない。

だから、所有から利用へとする呼びかけは、お金を持っていない人たちに対する〝口実〟のように聞こえてならない。お金を持っていない人たちが反乱を起こさないようにするための口実。

世界のお金持ちたちはもはや買うモノがなくなってしまったのか、最近は農地まで買い占めようと動いている。例えば、ビル・ゲイツは米国の膨大な農地を買い占めている。

資産を所有したい気持ちが人間として自然かどうかは別にして、あり余る資産を持っている人がいる一方で、何も持っていない人たちが大量に存在する。私は、このような状況は健康的な社会だとは思わない。

それを助長しているようなシステムとか経済制度は、明らかに間違っている。したがって、どこかで崩壊する。革命が起きて富裕層の資産が没収された、かつてのロシアがそうであった。

オリジナル性を欠く習近平の政策

ある意味中国も似たようなことをしている。私は習近平のやり方や思想が少しも正しいと思わない。けれども、「共同富裕」を掲げて行き過ぎた富裕層から資産を没収している意味合いはわかる。

余談だが、中国共産党から大金を搾り取られたアリババの創業者のジャック・マーが東京で暮らしているという。おそらくは大株主のＳＢＧの孫正義に匿ってもらっているのだろう。考えてみれば、昔であればジャック・マーは香港に逃げ込んだ可能性が高かった。だが、習近平に壊されてしまった香港という選択肢はなかった。今後、中国の大資本家たちがさまざまな形で資産を携えてどんどん日本に流れてくる。そう、日本が彼らの〝避難先〟となる可能性はおおいにあるのではないか。

ただ、習近平で引っかかるのは、政策そのものにオリジナリティ性がないことだろう。今回の共同富裕にしても、もともとは毛沢東が唱えていたもので、その二番煎じでしかない。しかも、同じようなことをかつてのライバルの薄熙来が、重慶市書記時代に「打黒運動」として展開して大きな成果を挙げ、名声を獲得していた。

打黒とは黒社会（マフィア）を撲滅することを意味する。薄熙来はそれを超拡大解釈した。中国社会においては、民間企業や民間団体、富裕層が安全に生きていくために、なんらかの形で黒社会とも関係性を持たざるを得ない。薄熙来は彼らを芋づる式に摘発、民間企業や富裕層の資産も違法資産に認定、彼らの資産を没収した。

その金で重慶市民の社会保障を手厚くしたり、貧困層向けの福祉住宅を建設し、大喝采を浴びた。私が調べたところによると、当時副主席だった習近平は、わざわざ重慶市まで出向いて、薄熙来を高く評価していた。

鳴り物入りで始めた例の「一帯一路」構想にしても、よくよく考えてみれば、思想的に日本が打ち出した「大東亜共栄圏」に酷似している。

二大政党制が孕む大問題

再び米国の社会的な分断に話を戻すと、米国はときに極端にやりすぎる場合がある。そうなったときに、妥協点を探るようなやり方を用いても、ラチが明かない。

敢えて言えば、バイデンが大統領に選ばれたのは、民主党の〝妥協〟の産物であった。先の中間選挙の投票結果を見ると、改めて米国の問題点が浮き彫りになった。注目すべきは、共和党は若い人たちからほとんど票を取れていないことであった。特に中絶問題への姿勢から、共和党は多くの女性票を失った。移民の人たちからも、共和党は人気がなかった。

では、共和党にはどんな層が投票したのだろうか。中年、もしくは中年以上の白人男性。日本ならば自民党みたいな感じか。けれども、最近は日本の若者に自民党贔屓が増えているから、まだ米国の共和党よりはマシだろう。

ただし、民主党の戦略も褒められたものではなかった。民主党が明確に認識していたのは、ドラスティックな左寄りの政治改革を目指すバーニー・サンダースやエリザベス・ウォーレンは危険というものだった。そこで妥協的人物として神輿に載せたのがジョー・バイデンであった。

バイデンは柔軟な立場を取る人物だから無難とされたからだったが、結局、バイデンは大統領に就任してから、何も達成していない。公約した富裕層の増税、法人税の増税にはまったくの及び腰で、その替わりに六〇〇ドル以上のＥコマース取引の報告を義務化しようとしている。これは公約とは真逆で、Ｅコマース取引を副業とする若者をターゲットにしており、いかにも軟弱なバイデンらしい。

そうしたおかしな妥協点を探るのではなくて、富裕層や大企業優遇を完全に壊しにかかる政治リーダーがいまの米国には必要なのである。そんな人物が登場してくるかどうかは、私にはわからない。どこかで現状のシステムが壊れそうになったとき、登場してくる可能性はあるだろう。

例えば、ＢＬＭ運動（ブラックライブズマター）は確かに黒人差別がきっかけではあったものの、あそこまで拡大した背景には、やはり貧富の格差に対する不満が爆発したのではないかと思う。

歴史を振り返ると、そういった出来事が米国では大きく発展する可能性が十分にある。さらに米国は銃社会だ。差別や格差を背景にした出来事を端緒に、内戦が起きるとは思わないけれど、米国社会が大荒れに荒れる事態になることはあり得るだろう。

米国の二大政党制は大きな問題を孕んでいると、私は捉えている。たしかに政治的には安定しているとはいえ、問題は政治的スタンスとして、例えばトランプは嫌いだけれども民主党は好きかと問われるとそうでもない。彼らの一部は民主党が推しているＬＧＢＴＱ人権運動については行き過ぎていると思っている。はたまた、経済面では共和党の金持ち優遇はやりすぎだ、増税すべきだ。いまの米国にはそうした人たちの考えを代表する、政治的〝受け皿〟が存在していない。

そうなると、彼らの行き場がなくなってしまう。民主党を応援したくとも、ＬＧＢＴＱ人権運動の発想には賛成しがたい。移民についても規制してほしい。これは政策の是非ではない。その人の経済的な意見と社会的価値観は必ずしも一致していないかもしれないからだ。

現実には、極右と極左が真ん中付近の人たちを引っ張ってしまっている。右寄りな人はトランプ主義に引っ張られているし、左寄りな人は過激なリベラルに引っ張られている。

トリクルダウンを是正して金持ちには増税すべきだが、リベラル的な人たちの価値観にはどうしても共感できない、となった場合、共和党に行くしかないのだろうか。だが、共和党はもともとトリクルダウンを称揚し、金持ちや大企業を甘やかした張本人で、そこにはおおいなる矛盾が発生する。

この問題を米国がどう乗り越えるのかは、私にはわからない。現時点においては、本項の冒頭で記したように、ラチが明かないままである。

少なくとも、富豪や大企業が政治に〝関与〟しないよう、ロビー活動や寄付などを規制しなければ、にっちもさっちもいかないはずだ。なぜなら、彼らは共和党も民主党も支援して、どちらに転んでもいいようにヘッジしている。

何せ一万二〇〇〇人ものロビイストがワシントンDCで登録、日々、富豪や大企業のためターゲットとなる議員に働きかけを行っている。これが米国の政治システムをグリッドロック状態に陥らせた。したがって、誰が大統領になろうと、大きな改革をしにくくしてしまった。

減税のように富裕層や大企業に有利な法律はいとも簡単に通るのだが、米国の庶民が心から願っている医療保険制度改革はずっと滞ったままである。薬品や石炭の規制についても、業界の反対で封じ込められてきた。

大問題なのは資産インフレ

こうした政治状況が続くなか、一九二九年の大恐慌のような経済危機に見舞われたら、米国はどうなるのだろうか？

大恐慌にまではいかなかったが、それに近いような経済危機が二〇〇八年九月に起きたリーマン・ショックだった。だからこそ、伝説のＦＲＢ元議長グリーン・スパンが「一〇〇年に一度の金融危機だ」と言及した。

そして私は、米国のいまの状況について、リーマン・ショック的な巨大なバブル崩壊を起こす真っ最中にあるのではないかと捉えている。

そこで懸念材料として浮上しているのが、米国の向こう半年〜一年間の景気動向を敏感に示すカンファレンスボードの景気先行指数（ＬＥＩ）の下落である。ＬＥＩはすでに景気後退の信号を発している。また、戦後にすべての景気後退を事前に教えてくれたイールドカーブの逆転がおきている。三カ月金利は一〇年金利を大きく超えてしまっている。通常であればお金を長く預けるほうが高い金利をもらえるが、景気後退が近づくと長期金利が下がり、短期金利が高騰してしまう。

そういう意味で米国も中国も、それぞれが抱える社会問題が危機的状況に瀕しているのではないか。私はそう考える一人である。

米国と日本のメディア、あるいは専門家は、インフレというと、消費者物価指数（CPI）のみに注目する。

インフレには二種類あって、一つは消費者物価指数で、もう一つはアセット（資産）インフレーションである。この後者の資産インフレに誰も注目していない。

だが、実際には全世界において資産がインフレを起こしている。裏を返せば、資産を持っていない人たちはどんどん貧乏になっていることを意味する。

もとより資産インフレは良くないインフレだと、私は思っている。日米欧の金融当局は過去四〇年間、米国では先に論じたトリクルダウン政策、英国であればネオリベラリズムと言われるサプライサイド経済が資産高をつくり上げてきた。

なぜ資産インフレは良くないのか？　資産を持っていない人には、何もプラスにならないからだ。それどころか、永遠に資産を持てなくなる危険性を秘めているのである。それが特にひどいのが、いまの米国だ。中国に負けず劣らず、米国社会も大きな問題を抱えているのと言えるのである。

第三章

第二の解体の季節に突入したロシア

張り子のトラだったロシア軍の実力

今回のウクライナを巡る戦いを経て、私はロシアがかなり弱体化するのではないかと考えている。それは国際的パワーバキューム（権力の空白地帯）を生む可能性を孕みながら、アジアへと波及する恐れは否定できない。

というのは、ウクライナ戦争まで我々はロシアに対して、米国の次に強い軍隊を維持する国。ソ連ではないけれど、ソ連の後継として、そう簡単に怒らせてはならない存在。資源を豊富に持つ大国。このような認識を抱いていた。

しかしながら、今回のウクライナ戦争によって、そうした認識、概念はすべて〝空中分解〟してしまった。ウクライナ戦争を通してわかったのは、実はプーチンはこの二〇年間ロシアをうまく束ねてきたのではなく、それは単なるイメージに過ぎなかったということであった。

その意味で、世界の眼を欺いてきたプーチンは巧みだった。世界に向けてうまい具合に自分の影を大きく映し出し続けてきた。だが、ウクライナ戦争で現実を曝け出してしまった。

もし時間を戻せるのなら、プーチンはウクライナに攻め込むような真似はしなかったろう。自重しただろうと思う。当初の予定では、ウクライナに侵攻して二週間でキーウを押さえて、ロシア寄りの人間を大統領に任命、傀儡政権を立てるという流れではなかったか。

そうなれば、欧州側は多少は文句を言ってくるし、経済制裁を課してくるだろうが、そんなにたいしたことはできない。それでロシア自体は、世界が抱く「強いロシア」のイメージを維持できる。そういう読みがあったろう。

そうしたプーチンの目論見をぶち壊したのはウクライナ人であった。ウクライナ人はロシアの想定外の抵抗をした。ゼレンスキー大統領もキーウから逃げることはなかった。首都キーウ陥落に失敗したロシアは、第二フェーズとしてオデッサまで占領し、ウクライナの黒海やアゾフ海へのアクセスを完全に遮断する作戦に切り替えた。

ロシアの第二フェーズ作戦は、最初はうまく進んでいた。ところが、米国がウクライナに長距離兵器のＨＩＭＡＲＳを供給したところで、流れが変わった。

西側がウクライナに対して積極的に武器支援を行っているように見えるのだが、実際に渡しているのは、在庫処分的な兵器ばかりで、たいしたものは供給していなかった。もちろん、戦闘機、新型戦車の類は一切供給していない。ウクライナ軍が持つ戦車に関しては、大半はロシア軍から奪ったものと言われている。

けれども、ＨＩＭＡＲＳを渡されてから、戦況が一気に変わった。ＨＩＭＡＲＳはロシア部隊のロジスティックス拠点をピンポイントで攻撃、大きな成果を収めた。もう一つ、ウクライナが擁するハイテク武器は、トルコから買ったハイテクドローン。ハイテク武器はこの二つのみで、長距離ミサイルなども渡していない。

にもかかわらず、ロシア軍はウクライナ軍に歯が立たない。

このていたらくでは、ロシアは米国に次ぐ世界第二の軍事力を持つ軍事大国とは到底名乗れない。まさに張り子のトラだったわけである。二〇二三年二月時点でドイツや米国はウクライナに新型の戦車と戦闘機を渡すと報道されている。ロシアにとって戦況がますます悪化するかもしれない。

さらなるロシアの分断化

比較してほしいのは、米国が湾岸戦争に臨んだときのことだ。米海軍は遠隔地の中東にまで戦車を運び、第二次世界大戦以来の大戦車作戦を展開した。結果は最低の犠牲者で済ませた圧勝であった。ロシアが今回のウクライナ戦で一〇万人近い犠牲者を出しているのとは大違いである。さらに、ロシアはこれまでに一六〇〇台に及ぶ戦車を失っているとされる。

しかも、いまのロシアは失った戦車一六〇〇台を復活させる能力がない。輸出入で孤立化しているロシアは、ハイテク技術の要である半導体を始めとする部品を調達できないからである。

先に、これまで賭けに勝ってきたプーチンが、今回ついに負けたことで、ロシアに対するイメージをすべて崩してしまったと記した。私はこの先、ソ連が解体してウクライナ、ベラルーシはじめ多くの独立国家が生まれた際に、遅れをとってロシアに組み込まれた少数民族が独立を目指す〝第二段階〟が訪れるのではないかと思う次第である。

現在、ロシアには少数民族による自治が行われている二二の共和国と一つの自治州と四つの自治管区が存在しており、ロシアの国力の衰えを独立の絶好の機会と捉えているはずだからだ。

つまり、さらなるロシアの分断化が進むということである。かつてはソビエト連邦、それを継承したいまのロシア連邦が解体していく。そのきっかけをつくったのが、今回のウクライナ戦争、ということになる。

おそらく、そこにつけこもうとしているのが中国ではないか。外面上、中露は仲良さげにしているけれど、それはそうならざるを得ない状況に互いが追い込まれているだけで、実際には同じユーラシア大陸にある二つの大国の利権は常にぶつかり合っている。

例えば、カザフスタンに対して中国がすり寄っているのだが、ロシアが介入して両国の接近を阻んでいる。

だが、ロシアには弱みがある。ウクライナ戦争が始まると、ロシアはエリート部隊をほぼ全部ウクライナ戦線に投入した。いまの状況でロシアと中国が戦ったら、中国は現在のロシアの版図の半分を瞬く間に制してしまうだろう。

日本は先の大戦で敗れたために、オリジナルの版図に戻されたが、戦勝国だったロシアはかつて奪った清朝の土地を返してはいない。

そう考えると、ロシアという国はここ三〇〇年間、侵略戦争により版図を拡大し続けてきた。それがソ連の崩壊で終止符を打たれ、今度は解体、瓦解に向かい〝逆回転〟をし始めた。いまはその途中にあるわけである。

どんな帝国でも、完全に解体されるまでには、膨大な時間がかかる。ローマ帝国にしても、オスマン帝国にしても、過去に栄えたどの帝国にしても、一気に滅びるわけではなかった。私はいまロシアが第二の解体の季節に突入したのではないか。そんな気がしてならない。

弱体化が進むロシアを眺めてほくそ笑む中国

先にロシアに少数民族の二二の共和国、一つの自治州、四つの自治管区があると記したが、ロシア政府はこの少数民族の人たちの背中を押して、ウクライナに侵攻したロシア軍兵士として戦わせている。

これまでモスクワ、サンクトペテルブルク、セヴァストーポリの三連邦市で「戦争反対」の声が大きく挙がらなかった理由の一つには、三連邦市に住む国籍的にもいわゆる本物のロシア人がウクライナ戦争に行かされていないことがある。

戦争に駆り出されたのはチェチェン共和国やブリヤート共和国のような中央アジアの共和国などのなかなか職業にありつけない男性だった。

こうした現実を考えると、先に申し上げたとおり、私はウクライナ戦争は、ロシア帝国という巨大な国家組織の崩壊の第二フェーズの始まりだと捉えている。

そうなると、一〇年後のロシアの版図はどうなっているのだろうか？

中央アジアあたりは中国の統制下にあるのかもしれず、かなり危険な状況を孕んでいる。ロシアの崩壊は大きなパワーバキュームをつくってしまう。

中央アジアは戦略的に重要な要衝だし、豊富な資源を持っていることから、中国が手をこまねくはずがない。

だから欧米としては、それを念頭において、中国に付け入る隙を与えないために、プーチンを懐柔して西側に傾斜させる気でいるかもしれない。

中国はあまりに弱体化が進むロシアを眺めて、裏では腹をかかえて大笑いしているのだろう。中国はこの機をリスクではなくチャンスだと受け止めているはずだ。

ウクライナ戦争に関して、中国は中立的な態度で静観の構えを崩していない。買い手が無くなってしまったロシアの資源を、中国は安く買い叩いている。


さまざまな意味において、ウクライナ戦争は世界の転換点の嚆矢となった。

繰り返すが、ソ連のアフガニスタン侵攻がソ連崩壊の原因になったように、ウクライナ戦争はロシア連邦が解体、瓦解していくきっかけとなる可能性が高い。

ソ連解体後のロシアで起きたチェチェン独立紛争はもっとも激しい戦闘だった。これにロシアが勝利したから、いまのラムザン・カディロフみたいな親露派を首長に据えた。これと同じことをプーチンはウクライナでもやりたかった。だが、それは叶わなかった。

トルコの現状と可能性

ロシアの弱体化に伴い、力が増しそうな国はどこだろうか？　中国が一番手に挙げられるし、インドも台頭してくるだろう。

中東ならば、ウクライナ戦争で存在感を強めているトルコあたりだろうか。

トルコのエルドアン大統領が、欧米側とロシアの間でうまく立ち回っているとの印象を持たれる人もいるだろうが、そうした彼の振る舞いは基本的にトルコの過去三〇〇年間の外交政策そのものだから、私にとってはそんなに際立ったものではない。

ロシアと英仏の大国間にうまく割り込み、バランス政策を採って、どちらにもベットしてヘッジする戦略は、トルコのお家芸ともいえるからだ。

私はいまのエルドアンは、ロシアに寄り過ぎではないかと捉えており、逆に危うさを感じている。あんなにロシアに近づく必要性はどこにもない。

なぜなら、トルコとロシアの利権は一致していない。唯一一致しているのはエルドアンとプーチンで、エルドアンが目指しているのが、プーチンのように名ばかりの選挙を通じて強権を掌握する独裁政治であるからだ。

それ以外については、本来はクリミア戦争以来、トルコとロシアは宿敵、天敵みたいなものである。

まあ、敢えてエルドアンがロシアに接近する理由を挙げるとするならば、ロシアの富を独占するオリガルヒ（新興財閥）たちのマネーをトルコに引き寄せたい。そんな狙いがあるのだろう。

実際にエルドアンはオリガルヒたちにトルコへの投資を促し、なかなかの成功を収めているようだ。オリガルヒたちが欧米に行けないのを逆手に取っているわけで、そのあたりは抜け目がない。

ただし、このところのトルコのインフレは凄まじい。オフィシャルのインフレ率（前年同月比）は二〇二二年一〇月に八五％にもなるけれど、現実にはそんなものでは収まらない。本当は一五〇％程度ではないだろうか。

それでもトルコは、少なくともロシアの弱体化の恩恵を受けるのであろう。トルコは中央アジア諸国との良好な関係も維持しているので、その意味では米国とも協力して対中軸で動く可能性も有している。

ただし、現在のエルドアン政権ではそれは実現しない。政権交代したら、の話である。トルコと中国もそんなに利害は一致していない。とりわけ中国のウイグル人たちに対する迫害は、トルコ人の非常に強い反発を買っている。

なおかつ中央アジア諸国は民族的にトルコとつながっていることから、そこは対中軸で米国も、エルドアンが退場した暁にはトルコ支援に変わる可能性が高いのではないか。

ウイグル人が住んでいる新疆ウイグル自治区のことをトルコ語では「東トルキスタン」と呼ぶ。トルキスタンとは、トルコ人の〝祖国〟という意味だ。国旗についても、トルコ国旗を青くしたような国旗で、親和性がきわめて高い。

歴史を振り返れば、第二次世界大戦中に東トルキスタン共和国が一時的に存在しており、ここを日本が支援してくれていた。

いまだにトルコや日本にウイグル人活動家がけっこういるのは、そうした歴史を擁しているからである。

一筋縄にはいかないインドとパキスタン

ただし、私はトルコよりも関心を持つべきはインドではないかと思う。

欧米が対中国軸としてインドを必要としているので、その恩恵を受けるのではないだろうか。

かつての冷戦時代には「第三世界」という言葉がよく使われた。この第三世界とは、貧しい国という意味ではなく、東側にも西側にも属さない。共産圏でもないし、自由主義圏でもない。その意味で使われた。

インドとは大きな文明を擁していることから、昔から独立心が強かった。だから、簡単に欧米や日本も含めての自由主義陣営の仲間になるとは限らない。そのことを今回のウクライナ戦争で、国際社会は改めて認識した。

私も、インドはもっと欧米諸国と同盟国的な関係に発展するのではないかと思っていた一人だった。ところが、どうもそれはなさそうな気配濃厚だ。

なぜか。一つには、インドは資源を必要としている国家であることが大きい。二〇二三年には中国を上回るとされる人口を擁しながら、エネルギー資源に乏しい。レアアースなどの産業資源は中国から買っているけれど、原油や天然ガスなどのエネルギー資源についてはロシアからの供給に頼っている。

もう一つ、軍事的な意味合いが加味される。インドは主にロシアから武器を買っている。これについては、今回のウクライナ戦争でのロシア軍の失敗を見て、インドはロシアからの武器調達を再考するかもしれない。

それでも歴史的背景を考えると、長らくインドとパキスタンが紛争を続けるなか、パキスタンはＮＡＴＯ式の武器を使っている。一方、インドは戦闘機を含めて、ロシアの武器に馴染んでいる。

そうした歴史、経緯は、中央アジア政策と南アジア政策の難しさ、複雑さを物語っていよう。

そして最近、一帯一路で中国と接近したパキスタンを、中国がメインになって支援しており、特にパキスタンの核開発については中国が技術指導を行った。逆にインドの軍事面について、いま欧米が支援に乗り出そうとしている。

けれども、パキスタン軍は米国の武器供与を受けていることから、そのあたりは複雑に絡み合っている。

このような事情から勘案すると、そう簡単にインドが西側のメンバーになるのかというと、それは難しい話だろう。

パキスタンはパキスタンで、立ち場がきわめて複雑である。例えば、より親中的な政策を行っていたイムラン・カーン首相が失脚してしまった。要はあまりにも中国寄りの政策に動くと、かねてより親米のパキスタン軍が反発するわけだ。

これらの入り組み捻じれた実状を見るにつけ、かつての大英帝国時代のグレートインディアが別の軸になっていくのかもしれない。

だから、欧米が中国が嫌いだからといって、インド、パキスタンが欧米の仲間になるかといえば、そんなに簡単にはいかない。

ただし私としては、対中という意味合いもあって、インドへの投資が増えているのではないかと思っている。実際にアップルがアセンブリー工場を、中国からインドあるいはベトナムに移転するのを検討している。

資本が集中する新冷戦の恩恵を受けそうな国

次ページの図を見てもわかるように、インド株はコロナ禍後に大きく上昇している。これも一つの例なのだけれど、相場とコロナには何の関係もないことを教示してくれている。コロナ禍で世界で最大の死者を出したのは米国、二番目がインド。その米国とインドがその間の株価上昇の第一位、第二位を占めているのだから。

とりわけ高値を更新中のインド株式市場には、海外からのマネーがどっと流入していると認識せざるを得ない。

トルコもインド同様、株価が急騰中だ。二〇二二年年初から指数は約三倍にもなった。

インド株

出所：複眼経済塾（ソース：TradingView）

むろん、トルコリラが大きく下落したためドル建てでは低くはなっているが、ドル建てでみても株式指数は約二倍に上がっている。通常、近辺で戦争が発生すれば、その国の株式市場は下落する。けれども、今回はそんな常識が覆されているのだ。

こうした現象を私は「新冷戦」の影響と捉えている。要は、新冷戦の恩恵を受けそうなところに、資本が〝集中〟するわけである。おそらくトルコの大統領がエルドアン以外の人物であれば、さらにトルコの株式市場は上昇曲線を描くのだろう。

老婆心ながら、パキスタンを巡っての中国と欧米のせめぎ合いについて、日本人はあまり意識をしていないようだが、今後は細心の注意を払うべきであろう。

中国は一帯一路における重要インフラの位置づけで、「中パ経済回廊」（ＣＰＥＣ）プロジェクトを二〇一五年にスタートさせた。同プロジェクトは中国新疆のカシュガルからアラビア海に面するパキスタン南西部のグワダル港を結ぶ約三〇〇〇キロに及ぶ。

これが完成すると、中国はマラッカ海峡が仮に米軍により閉鎖されても、グワダル港経由で物流を確保できる。

こうした中国の動きを目の当たりにするにつけ、投入する莫大な資金量もさることながら、それ以上に重要なのは政治的な〝根回し〟の成功と思わざるを得ない。その意味において、やはり中国は侮れない。

シルクロード時代からの周辺地域との歴史的な関係性も物を言っているはずである。

だが、一方において、スリランカの国家破綻のような悲劇を招いた例も頻出しており、中国の一帯一路が曲がり角にある現状も浮かび上がってきている。

第四章

世界の中央銀行の功罪

国民が評価した日銀の実質的な金融緩和修正策

二〇二二年夏の選挙では自民党は勝利したけれど、その時点で日本はまだコロナが話題になっていて、政府のコロナ対策が国民に評価されていた。

一方ではまだ、物価高を国民の多くは実感するに至っていなかった。これから物価高に襲われるかもしれなかったものの、それを肌で感じていなかった。

半年が経ってみて、生活必需品、食料品が一〇%から一五%軒並み値上げされた。インフレ率も前年同月比で四%を超えた。

コロナがそれほど話題にならず剝落しかけたところで、今度は、国の物価高対策がまったくできていないことが露呈してしまった。別のアプローチなどせずに、何があっても政府が増税するのではないか。そんな懸念が国民のイメージになってしまっている。それがこのところの岸田政権の支持率低下につながっているようだ。

そんななか、統計によると、年末に唐突に打ち出された日銀の実質的な「金融緩和修正策」に対し、国民の四九%が適切だったとしている。思った以上に評価が高かった。なぜだろうか?

一般の人たちにとって、日銀の政策についての評価うんぬんは難しいはず。ごく単純に、日銀が金融緩和を続けているから円安になり、それで物の値段が高くなっている。だから、これが少し円高になれば、生活がしやすくなるはずで、やはり円安が行き過ぎたのだと。おそらくそんな評価なのだろう。

かつ、日銀の政策変更は、政権の支持率低下と密接な〝関係〟があるのではないかと、私は見ている。

これは私の持論だが、結局、強烈な政治圧力がかからないと、どこの国の中央銀行もそう簡単には金融引き締めに動かない。いまはあらゆる方面から政治圧力がかかってきているものと思っていい。ということは、金融は大きな転換点に差し掛かっているのではないだろうか。

年間で三八円も動いたドル円相場

ここで昨年の為替、とりわけドル円相場を振り返ってみよう。

二〇二三年初は一ドル一一五円台。そこからいったん円高に振れ、一一三円台まで円高となった。これが二〇二二年の円の最高値となった。

二月二四日のロシアによるウクライナ侵攻後、状勢は一気に変わった。世界は原油を筆頭に激しいインフレ物価高に見舞われた。ＦＲＢはインフレに対抗するため三月以降、利上げを繰り返すこととなった。

六月にはこれまで溜め込んできた米国債やＭＢＳ（住宅ローン担保証券）など保有資産を減らす量的引き締めにも着手した。

国債為替市場においては、金利が上がっていくドルを買い、超低金利の円を売るトレンドが主流となり、円相場は急落していった。

一ドル一四五円台まで進んだ九月二二日、政府・日銀は二二年ぶりとなった円買いドル売りの市場介入を行ったが、案の定、効果はなかった。一〇月二一日には二〇二二年のドル円の最安値、一五一円台を記録した。実に三二年ぶりの円安となった。

ところが、円は反転した。最大の要因となったのは一一月の米国ＣＰＩ指数の伸びが予想を下回ったことであった。これが市場に米国の利上げ政策の終了を想起させたのか、為替相場は一気に円高ドル安へと傾斜した。

そして二〇二二年一二月、日銀による金融緩和の修正が発表された。

日銀の大規模金融緩和とは、金利操作（コントロール）。長期国債を購入することによって金利を目標水準に誘導する、いわゆるイールドカーブ・コントロール。ただし日銀のイールドカーブ・コントロールでは金利水準が景気を支えるために滅茶苦茶に低く設定されてきた。短期がマイナス〇・一％、長期の一〇年物国債が〇％程度というところで、ここは今回も変わっていない。

何が変わったのか。日銀が設けている〇％に完全に抑え込むには無理がありすぎ、ある程度動いてもいいという判断で、変動容認幅を±〇・二五％から〇・五％にまで倍に引き上げた。

これが事実上の利上げと捉えられ、マーケットではさらなる円高に進んだ。

結局、二〇二二年の一年間で、ドル円相場の最高値、最安値の差は三八円となった。これは一九八六年以来三六年ぶりの大きな振れ幅となった。

価格発見機能を壊した各国の中央銀行

「市場の歪みをただす」といった黒田総裁の言葉はいま一つ一般の人々にはわかりにくいのだが、市場が歪むと何が悪いのか？

ここはいわゆる金融システム全体のパイプワークの問題である。

日銀はそこをコントロールする立場にあるし、本来であれば市場金利は市場が自由に決めるものだ。国、中央銀行が過剰に統制したり、もしくは誘導するものではない。

けれども、それを各中央銀行はずっと行ってきた。日本銀行をはじめほぼすべての中央銀行は、前代未聞の異次元の量的緩和政策を続けてきた。そのことにより、日本に限らず他国も含め、金融市場全体が大きく歪んでしまった。

私自身が株式市場を専門とするので申し上げると、異常な量的緩和状態の株式市場においては「価格発見機能」が働かなくなってしまうのである。

そうなると何が起きるのか。リスクが高いもの、もしくは本来であればそこまでの価値に高まらないものが、こうした状態のなかではバブル価格になってしまう。これは資本の非効率的な配分をつくって、逆に必要なところにお金がいかなくなる。もしくは、債券市場にお金が回らなくなってしまい、それらすべてを中央銀行が抱えてしまうことになる。

日銀に限らず、FRBもECBもそうなのだけれど、はっきり言うと、これは持続可能な政策ではない。要は、リスクの高いところの金利は上がる（＝資本調圧コストが増える）という、ごく基本的なシグナルが〝点灯〟しなくなっているからだ。それで価格発見ができなくなっている。

米国などはその典型だろう。いわゆる「ジャンク債」、いつ倒産してもいい企業の社債まで価格が上昇してしまい、「投資適格債」レベルまで金利が大幅に下がっていた。倒産してゾンビ企業が延命できたのも異次元緩和の副作用だ。こうした事実は、明らかに緩和のやりすぎを物語っているといえよう。同じことを日銀も行っている。

こうした政策を今後も続けていくならば、結果的に債券市場をすべて壊してしまいかねない。持続可能ではなくしてしまうわけである。

過度な円安修正を狙い、成功させた？

日銀にしてみれば、してやったりかもしれないが、サプライズはちょっといただけないと思う。日銀が市場を大きく動かすのであれば、いろんな思惑が起こるよりもサプライズにしたほうがいいと判断したのではないか。

花道にしたかった黒田日銀総裁

私は、黒田総裁としては「打つ弾（あるいは火薬）がなかった」のだと捉えている。FRBみたいに一気に〇・七五％も利上げできないわけだから、打つ弾が少ないなかで、わざと出来高の少ない年末を狙い撃ちして、最大効果を得ようとしたのだと思う。これはもともと黒田総裁の得意技である。「黒田バズーカ」のときもそうだったし、これまでの諸々の政策発表のときもそうだった。彼はすべての場面でサプライズ効果を狙っていたわけで、今回も常套手段で相場を驚かして、インパクトを最大化させたかったのだろう。

この発表の際に黒田総裁は「今回の金利の許容変動幅の拡大は、金融緩和の出口の一歩ではまったくない」と強調した。

今後の政策の方向性はどうなのか？

出口の一歩ではないと言っているが、あまり信用はできない。いままでも、引き締めは絶対にしないと言っておきながら、昨年一二月に突然、実質利上げを行ったのだから。

むしろ私は、出口の一歩だと思うし、黒田さんとしても、ある意味でコアインフレが二％を超えてきて、結果的に出口を見せたところで、自分のミッションも完了した、成功したのだとするアピールもあるのだろう。

これを自らの政策の打ち止めとして、花道にしたかったのではないか。私個人としてはそう思う。

金利差のみで問題を片付けてはならない

これらを踏まえて、二〇二三年の為替相場について考えてみよう。

私は一ドル一二〇円近辺でボックス形成するのだろうと思っている。三月～五月の間に一度一二〇円を割る場面もあるのではないか。

これはどちらかというと金融政策の影響というよりも、米国のバブルが崩壊途中にあり、二三年春には大きなリスクオフイベントが起きるからだと考えているからだ。つまり、株価暴落に伴って、円が買われる局面が訪れる可能性が大きいのである。

ただしそれ以降はレンジ相場で、一二〇円前後で動くのではないかと思っている。為替に関して、金利差とか金融政策に注目するのが一般的だ。だが、実際にはもっとさまざまな要因が複雑に絡み合っている。

例えば、二〇二二年のドル高は円に対してのみならず、他の通貨に対してもドル高となった。それはウクライナ戦争の開始とほぼ同時のタイミングであった。つまり、「有事のドル買い」が起きたわけである。

なおかつ、二〇二二年にドルよりもパフォーマンスがよかった通貨は二つ、ブラジル・レアルとメキシコ・ペソだった。奇しくも南米が揃った。

これが意味するところは、もっともウクライナ戦争から遠い場所。地政学リスクが〝薄い〟というファクターが関わってくる。

もう一つドル高を加速させたのは、トルコを筆頭とする新興国がドル建て債務を膨大に抱えていたからであった。トータルで一三兆ドル以上もあると言われる。

相場がドル高に進もうとすればするほど、新興国側は債務を返したいが故にドル買いに走るわけだ。

ことほど左様に、諸々の事情が相俟って為替が動いていることから、金利差のみで問題を片付けるのは危険だと、私は考える次第である。

米国はオーバーキル、景気後退に陥る。かねてより私はそういう見方をしていた。

そもそも論として、FRBの動きのすべてが遅い。結局、CPI（消費者物価指数）もPCE（個人消費支出）も遅行指数であるからだ。三カ月から半年のタイムラグを経て表れているわけで、本来は二〇二一年に終了すべきだった金融緩和を一年間余計に引っ張った〝悲劇〟が、二〇二三年に現出することになる。

一年前（二〇二一年末）を振り返ってみよう。当時議論をしていたのは、「二〇二二年にFRBは二回利上げするのか、三回するのか？　一年後（二〇二二年末）には金利は一％程度になっているのか？」だった。フタを開けてみると、一年後に金利は四・五％になっていた。

つまり、これから一年後にはどうなるのかを予測するのは、きわめて難儀だということである。

私は感覚的には、景気が崩壊し、早い時期に低インフレに向かうのではないか。そう思っている。もっと明確に言うならば、ハードクラッシュが起きる可能性が高いと予測する一人だ。

クラッシュはないけれど物価は下がるといった、米国にとって楽観的で都合のいいことは起きないだろう。

第五章

テスラとメタバースに向けられる疑念の視線

アップルとテスラの違い

読者から、あるいは講演会の席で、こんな質問をいただくことがある。

「自分はアップルとテスラに注目しているが、あなたはこの両社をどう捉えているのか。正直な考えを開陳していただきたい」

両社はたしかにハードウェアをつくっている。まず、アップルに関しては、たしかにハードウェアの部分もあるけれど、アップルの強みはいわゆるOSだ。アップルが開発および提供する、iPhone、iPad、MacBook向けのオペレーティングシステム及びアプリプラットフォームが秀逸なのである。

アップルのプラットフォームであるアップルストアは二〇二一年に一七兆円の市場規模に達したアプリ売り上げの六割を単独で獲得している。アップルはアプリ売り上げの三割をプラットフォームの提供者としてとっている。アップルのソフトウェア部門とハードウェア部門を別々に考えた場合、ハードのバリュエーション、つまり企業価値はかなり低いのだと思う。

したがって、アップルのスマホそのものが優れているのではない。これより優れているアンドロイドスマホは山ほどある。

皮肉な言い方をすると、私はいつもアップルのｉＯＳを、アップルよりもっと機能の高いサムスンなどのスマホで使えたらブラボーではないかなと思っている。しかし、それはできないし、ポイントはそこではない。アップルは音楽から動画から仕事アプリまで自社のエコシステムでつくり上げており、セキュリティーもしっかりしている。そこに価値があるわけである。それが評価されて、高価格でも売れてきた。

一方、テスラに関しては本当に自動車の会社であれば、あのバリュエーションはあり得ないと思う。テスラの株主は、「この会社は自動車会社ではなくてパソコン会社、ＩＴ企業なのだ。だから、あのバリュエーションでも正当化できるのだ」と擁護する。さらに、「優れた自動運転技術やバッテリー技術を持っている」と主張するのだけれど、実際にそうか疑問点がいくつもある。

たしかにテスラは近年、高利益を出しているけれど、これには大きなからくりが存在する。ＥＵ自動車メーカーが創設したCO_2排出削減に取り組む制度「オープンプール」に乗る形で、ＥＶ専業のテスラはCO_2排出基準を達成できない自動車メーカーに対し、自社が持つ環境クレジット枠を販売してきた。この環境クレジットビジネスがテスラに巨大な利益をもたらしてきたのだ。

ここ数年間、環境クレジット売却益は、全期においてテスラの純利益を大幅に上回ってきた。極論を言うならば、この環境クレジットビジネスがなければ、テスラはいまも〝赤字企業〟に甘んじていたはずなのだ。

ところが、今後はこれまでテスラに環境クレジット枠を購入して忸怩たる思いをしてきた自動車メーカーも、自前ＥＶを次々と出してくるから、テスラの収入源はガタ落ちとなる可能性が出てきたのである。

チャイナリスクとマスクのリスク

次なるテスラに対する疑問は、なぜ自動運転車の開発で、テスラは他社に先んじているのかというものだ。

その答えは明確この上ない。テスラはレピュテーション・リスク、つまり企業に関するネガティブな情報が広がり、ブランド価値や信用が低下して被るリスクを恐れていないけれど、他社はそれを考えざるを得ないからだ。

仮に業界大手のベンツやトヨタが自動運転で事故を起こしたら、これまで積み上げてきた信用が致命的に棄損されてしまう。かたやテスラは新興EVメーカーに過ぎない。事故を起こしても飄々としていられる。要は、自動車会社としての〝格〟の低さを悪用している。

私が悪質だと考えているのは、テスラがバッテリーパワーや走行距離などの性能表示でイカサマのような対応をしてきたところだ。

二〇二三年に入って早々、韓国の公正取引委員会は、テスラが走行可能距離を誇大に広告していたと、課徴金納付を命じた。EVのモデル3・ロングレンジについて、一度のフル充電で四四六キロ以上走行可能と謳っていたが、実際には冬場の走行距離は二二一キロと半分以下だった。

以上、テスラをあげつらってきたけれど、より本質的な疑問と弱点は同社経営者のイーロン・マスクに収斂されよう。

二〇二二年一一月の米中間選挙におけるイーロン・マスクの共和党寄りの発言を聞いた

私は、呆れ返った。

そもそもテスラのメインユーザーは、民主党寄りの人たちだ。今回の選挙でよりクリアになったのは、若い人たちが圧倒的に民主党寄りだということだった。もう一つは、テスラみたいなEVを買っている人たちは、都市に住む環境意識の高い人たちに他ならない。

翻って、イーロン・マスクが秋波を送る共和党寄りの人たちは、「地球温暖化は嘘だ」と叫ぶトランプ支持者である。彼らは絶対にテスラには乗らない。GMやフォードのバカでかいピックアップトラックに好んで乗るような、田舎で暮らす人たちと相場が決まっている。

そこから考えると、今後、テスラのオルタナティブEVが登場した際、民主党寄りの人たちはテスラにソッポを向くはずだ。

今後のテスラのビジネスには、先の私の考察を含めて、おそらく二つの大きなリスクを内包する。

一つはチャイナリスクだ。テスラの販売が米国以外では、中国市場にかなり依存していることだ。もう一つは、経営者リスク。先に論じたとおり、経営者のイーロン・マスクの政治発言やハチャメチャな行動がビジネスの腰折れを招いており、その矛盾が次第に際立ち始めていることだ。

イーロン・マスクはすでに限界に来ているのではないか。私はそう思う一人である。

ツイッター買収は、ビジネス判断を大きく間違えた。買う気がないのに買うと宣言してしまい、結局裁判沙汰になって、無理矢理、買わされてしまった。買う気がないのにメディアに適当なことを言っていたツケが回ったとしか思えない出来事であった。同社に対するイーロン・マスクによるあからさまな株価操縦も疑われており、そろそろ経営者としての限界を迎えていると思われる。

もう一つは、米国と中国がこれだけ対立しているなか、イーロン・マスクの中国にべったりの姿勢は、今後はかなりの修正を迫られるはずだ。したがって、テスラという会社はいろいろな意味で、危ういところがあるのではないだろうか。

オカルトリーダー的な存在

イーロン・マスクとは「過剰金融緩和の申し子的な存在」。これが彼に対する私の偽らざる評価である。過剰金融緩和、流動性緩和の時代の波に乗って、さまざまなビジネスに荒っぽく首を突っ込み、そのいくつかがたまたまうまくいっただけ。そんな感じだろうか。

イーロン・マスクは自らを天才エンジニア、あるいは発明者のように位置付けて振る舞い、マーケティング展開を行っているが、その中身については疑問が多い。ゼロから起業したまともな会社はSpaceXで、SpaceXについてもマスクは投資家という立場でロケットエンジニアのトム・ミューラーがブレーンである。その他の会社はほぼ買収したものである。

ＥＣサイトやＷｅｂサービスでのオンライン決済サービス大手のペイパルもそうだった。そのペイパルを売却し、次にテスラを買ったわけだから、テスラは別にマスクがつくった会社でもなんでもない。

SpaceXから独立したボーリング・カンパニーの話が象徴的である。これは米国の交通渋滞問題を解決すべき地下トンネルを利用した高速輸送システム「ハイパーループ」のためのトンネル掘削会社というふれこみであった。

しかし、実際にやってみたらハイパーループはかなりコストが高い。その代わりにできたのがただの地下トンネルである。彼が仕掛けるプロジェクトの大半は最初の約束とレベルが格段に違うものができるというのが特徴である。

ラスベガスで行われたハイパーループ構想の発表の場で、彼は「国がトンネルを一マイル掘れば二〇〇〇億円（当時）かかる。しかし、自分が独自企画したプロジェクトに沿って掘れば、その一〇〇分の一程度で完成できる」と述べた。一マイル一〇億円程度でつくれると発言したこともある。しかしそれは実際にはあり得ない金額だ。一見して、単純にトンネルを小さく、狭くしているだけのプロジェクトのように思えた。

鉄道や自動車が通るトンネルに莫大なコストがかかるのは、巨大な建設工事になるからに他ならない。内部のベンチレーションシステム、出入り口などのさまざまに張り巡らされた安全装備を万全に配するゆえ、高い予算になってしまう。

結局、トンネル掘りはＩＴ分野ではない。建築屋、土建屋の仕事で、誰がやろうが、単純にコストは決まってくる。イーロン・マスクが請け負おうが、誰が請け負おうが、トンネル建設の平均コストはおおむね変わらない。

それを彼は真っ赤な嘘をついて、頭から「安くつくれる」と突っ張った。披露されたラスベガスのトンネルをよく見れば、車はエレベーターでトンネルに降ろされる。そこには車のドアがろくに開かない狭小トンネルがある。しかも一車線走行だ。そんなトンネルで自動車を走らせて事故を起こしたらどうするのか？　建築土木の専門家にすれば、まったくのお笑い種のお披露目であった。

現実のインフラはイーロン・マスクが提唱するものとは真逆のベクトルを向く。例えば、日本の首都高は狭い都内に橋を巡らせて成立させているエンジニアリングの粋、ミラクルとも言えるインフラである。東京に精緻に巡らされる地下鉄網もミラクルだ。こうしたインフラ整備には安全性が最優先され、コストカット、ショートカットの要素はあり得ない。

イーロン・マスクの大仰な提唱の裏側に、人命軽視という考えが垣間見えてしまう気がするのは私だけだろうか。自動運転車を走らせては事故を起こしている現実が懸念を強める。

ただイーロン・マスクが侮れないのは、そうしてド派手なマーケティングをやってのけて、彼のファンに見せつけていることだろう。彼は経営者というよりも、オカルトリーダー的な存在に近い。そして比較的若い年齢層の信者が多いのが最大の強みのように思える。

要は現状でよくわかっていない技術や経済を、これまたよくわかっていない人たちに提示して喝采を浴びるアイドルとでも言おうか。

彼が提供する材料は彼らにとっては夢の技術であり、夢の経済。イーロン・マスクは信者にとっては世界のナンバーワン・クリエイターなのだろう。

そうしたイメージをこれまでうまく活用してきたけれど、ちょっと調子に乗りすぎたきらいもあり、もうそろそろ世の中に潰されるのではないか。見放されるのではないか。そんな気がしてならない。

アップルに殺されるメタ

本章の冒頭で述べたように、アップルはプラットフォームにおいて猛烈なパワーを持っている。

二〇二二年九月あたりから、Ｗｅｂでアップルから「あなたのアクティビティを追跡するのを許可しますか？」と確認を迫ってくるようになった。私は当然ながら、「許可しません」をクリックする。

アップルはそのレスポンスに従い、当該顧客のアクティビティをトレッキング対象から外すことになる。

なぜアップルはこのようなアクションを取っているのか。アップルはいまメタ・プラットフォームズ（旧フェイスブック）を潰しにかかっているからである。

旧フェイスブックのビジネスモデルとは、iPhoneのアプリなどを通じてメンバー全員のアクティビティを全部追跡、他人が知り得ないデータをマーケティングし、それをまとめてクライアントに売るというものであった。

だが、世の中の流れで、すでにそんな振る舞いは許されなくなった。われわれ個人は自身のデータの取り扱いに関して、非常にナーバスになってきた。そうした風潮を察知したアップルは、これまで目の上のタンコブ的な存在であったメタ・プラットフォームズに引導を渡しにきた。私はそう理解している。

ということで、メタ・プラットフォームズは以前のようなビジネスを封じられつつあり、それは広告収入の大幅ダウンという形になって表れてきた。

そこでメタ・プラットフォームズのマーク・ザッカーバーグが次の手として考えたのがVR、バーチャルリアリティのビジネスであった。会社のイメージが悪くなったことから、二〇二一年一〇月に社名についてもあっさりとフェイスブックから「メタ（プラットフォームズ）」に変えてしまった。

なぜ不完全なVRをリリースしたのか

もしかしたら、いずれはVR（バーチャルリアリティ）、メタバースが主導する世の中になるのかもしれない。けれども、そう決めつけるのはちょっと時期尚早ではないだろうか？

よく、「世の中のミーティングすべてをバーチャル空間でやりましょう」と言う人がいるけれど、考えてみれば、すでにみんなZOOMを使って実践しているわけだ。私自身は、敢えて現段階で、それ用の圧迫感と重みがあるヘッドセットを付けてまでミーティングや仕事をする必要があるのかと問いかけたい。

加えて、技術的に画面の画素数が低すぎて、例えばエクセルを開いても何の数字なのかわからないような場面が頻出する。現時点おいてはそんなレベルに留まっていることから、どう考えてもモニターを三台買ったほうが重宝する。

これがメガネ型になるほど軽くなるまで発展してくれば、世界はぐんと変わってくるのだろう。ただ、画素数が格段に高くなり、ストレスフリーに達するにはあと一〇年程度は必要な気がする。

けれども、そのような巡航速度だと、メタ・プラットフォームズの立場になってみれば、その段階に辿り着いた時点で、まず同社は〝先駆者利益〟にありつけるか疑問である。

VRはゲームをするのには楽しい。

とはいえ、いまのメタが提供するメタバースは、任天堂のパクリにしかみえない。アバターとして登場するザッカーバーグの分身には足がついているけれど、他のすべてのキャラクターアバターには足がついていない。なぜか。ヘッドセットから足の動きがわからないので、みんなが足のないキャラクターになっているからである。

この出来栄えははっきり言って、任天堂がすでにサービスをシャットダウンした「Miiverse（ミーバース）」に似ている。というか、遅れている。任天堂はこれをいまから一〇年以上前にリリースしているのだから。キャラクターデザインもほぼ一緒で、ミーバースのほうはみんなに足がついている。なぜメタがこのような不完全なVRをリリースしたのか、私には皆目わからない。

メタとメタバースは切り離して考えるべき

先にVRの問題点を挙げたけれど、もう一つ、ゲームをする上で重要な問題がある。VR酔いの問題が発生することである。VRゲームではキャラクターが歩く場面になると、気持ちが悪くなることがある。これは自分の見ている景色が変わっているのに、自分が動いていないからなのだ。

ここで何が必要かというと、ゲームをする主体の私がVRの中に入って、走ったり、ジャンプしたりできるようなプラットフォームだ。これは現在開発中とされるのだが、高精度なものが出来上がると、本当にリアルになってくるわけである。これが製品化された場合には、VR酔いはなくなるはずだ。

なぜなら、自分の体も景色のなかで一緒になって動いているからだ。これがもっと一般的になると、例えばリモートで建機を動かすとか、ロボットを動かすようになるのだろう。そうしたポテンシャルはあるのではないか。けれども、それがメタバースなのかはわ

郵便はがき

料金受取人払郵便

牛込局承認

8133

差出有効期間
2023年8月
19日まで
切手はいりません

162-8790

東京都新宿区矢来町114番地
神楽坂高橋ビル5F

株式会社ビジネス社

愛読者係行

ご住所 〒 TEL:（　　）　FAX:（　　）		
フリガナ お名前	年齢	性別 男・女
ご職業	メールアドレスまたはFAX メールまたはFAXによる新刊案内をご希望の方は、ご記入下さい。	
お買い上げ日・書店名 年　月　日　市区町村　書店		

ご購読ありがとうございました。今後の出版企画の参考に致したいと存じますので、ぜひご意見をお聞かせください。

書籍名

お買い求めの動機

1　書店で見て　2　新聞広告（紙名　　　　　）

3　書評・新刊紹介（掲載紙名　　　　　）

4　知人・同僚のすすめ　5　上司、先生のすすめ　6　その他

本書の装幀（カバー），デザインなどに関するご感想

1　洒落ていた　2　めだっていた　3　タイトルがよい

4　まあまあ　5　よくない　6　その他(　　　　　)

本書の定価についてご意見をお聞かせください

1　高い　2　安い　3　手ごろ　4　その他(　　　　　)

本書についてご意見をお聞かせください

どんな出版をご希望ですか（著者、テーマなど）

からない。

なお、これから登場してくるVR技術については期待できると思う。そしてこれはメタ（旧フェイスブック）だけのものではないので、切り離して考えるべきであろう。

ともあれ、いつかはVRの応用範囲は格段に広がっていくと思う。しかしながら人間とは不思議な生き物で、誰もが家に閉じ籠っていられるわけではない。必ず外に出て何かやろうとする人がいるものである。

私自身、現時点でメタバースにできて、ZOOMにできないことはあるのか？　そんなふうに考えてしまう。バーチャルな空間でむりくり立体感を望むよりも、会社に行けばそんなことは解決できるはずではないか。〝生〟を感じたければ、集まって、リアルで会議をすればいいのだから。

第六章

典型的なポンジスキーム
だったFTX

アービトラージ取引でひとやま当てた元ＣＥＯ

破綻した暗号資産交換業大手のＦＴＸの錬金術とは、いったいどのようなものであったのか？

これまで、どの記事や論説を読んでもわかりにくかったので、ここは私自身で調べてみようと腕まくりした。ちなみに昨年一二月一二日に保釈されたＦＴＸ創業者のサム・バンクマン＝フリード元ＣＥＯ（30）の保釈金は二億五〇〇〇万ドル（約三三〇億円）であった。

まずはこのサム・バンクマン＝フリード氏がどんな人物なのか。そこから始めよう。彼はいわゆるエリートの家に生まれた。両親ともに名門の誉れ高いスタンフォード大学法科大学院の教授。

マサチューセッツ工科大学（ＭＩＴ）で物理学を専攻した彼は、卒業後しばらくはＨＦＴ（ハイ・フリークエンシー・トレーディング＝超高速取引業者）企業のジェーン・ストリートでディーラーをしていた。

バンクマン＝フリード氏はＨＦＴを退職、アラメダリサーチという会社を創設した。ここはいわゆるトレーディング、ディーリングを生業とする会社だった。そしていまから五年ほど前、仮想通貨がまだ黎明期だった頃、アービトラージ取引（裁定取引）に着目し、大儲けをした。その当時、本場の米国市場と日本や韓国の仮想通貨市場との間には価格差が存在していた。つまり、市場が効率性を欠いていたのだ。

例えば、ビットコインが米国市場で一万ドルだった場合、日韓市場では一万一〇〇〇ドルだった。日本人や韓国人が高く買わされていたわけである。

ここでバンクマン＝フリード氏は何をしたのか。米国市場でビットコインを買って、日韓市場で売りさばいていた。その利ザヤ部分が濡れ手で粟の儲けとなった。しかもリスクフリー状態だったことから、彼は莫大な富を築いた。

「一、二週間で三、四〇億円の利益を出した」とか、「たった一日で二〇億円儲けた」といった伝説が残されている。当然ながら、他の人たちもアービトラージ取引の旨味に気付いて、彼と同じことをやりだしたので、利ザヤは次第に薄まり、日・韓と米国のビットコイン価格はほぼ同額となった。まあ、これは自然の流れといえた。市場内に流動性が増え、より健全になったことで、アービトラージ取引が消滅したわけである。

ここで大きく儲けた彼はその後に資金調達を行い、二〇一九年四月、FTXという取引所を創設した。のちにFTXは世界で二番目に大きな暗号資産（仮想通貨）交換業者となるまでに台頭してくる。

なぜ新参者FTXがやすやすと台頭できたのか？　FTXはプロの投資家向け、プロのトレーダー向けの商品を矢継ぎ早に出した。例えば、デリバティブ（先物）商品。自分がHFT出身だし、天才的なトレーダーでもあったので、プロの投資家・トレーダーが使いやすい商品と市場を提供したのだった。

それに加えて、バンクマン＝フリード氏の両親のステータスが物を言ったと思われる。父ジョゼフ・バンクマン氏と母バーバラ・フリード氏は、FTXの法務顧問に就いていた。

ここまではよかった。FTXは取引所だから、本来であれば手数料ビジネスである。ただしそれだけだと、急成長は無理だった。

空箱ビジネスのスキーム

そこでバンクマン＝フリード氏が何をしたのかというと、ほとんど実質上価値のない仮想通貨に価格を付けて上場させる仕組みをつくったのだ。

未上場の会社を上場させる仕事は証券会社にとっても、業務のけっこう大きな部分を占める。アンダーライティングといわれるもので、証券会社が当該企業から売り出すことを目的にいったん株式を引き受けたり、売り出したりするのである。

ＦＴＸもさまざまなコイン（暗号資産）をつくっては上場させた。その代表が自社コイン、ＦＴＴトークン（電子証票）の発行であった。この仕組みを説明しよう。

①ＦＴＸがＦＴＴトークンをつくる。

これは何も入っていないいわば〝空箱〟だ。ほぼすべての暗号資産は空箱にすぎない。内容はプロトコールと呼ばれるただのプログラムである。これを最初につくった会社であるアラメダリサーチに送った。アラメダリサーチはのちにマーケットメーカー会社へと発展していったのでコインを一旦受けた。

②アラメダリサーチが価格を付けてＦＴＸに渡す。

マーケットメーカーとは、まだ価格が決まっていないものに価格を付ける、価格を提供するところだ。マーケットメーカーであるアラメダリサーチがＦＴＸと取引をして、ＦＴＴトークンを買う。そこでマーケットメーキング、つまり価格付けを行う。仲間内でそれを広げていき、ＦＴＸに返す。

③ＦＴＴトークンをＦＴＸ（自社取引所）に上場させ、個人投資家に販売する。

こんなに高い価格が付いているし、しかもどんどん上昇中なので、「是非上場させよう。一般投資家もこれに乗らない手はない」という話になり、自社取引所に上場させた。

④個人投資家は無価値のトークンを、ＦＴＸは現金を獲得する。

このときになって初めてこのスキームに対し、外部から本当のお金が入ってきた。

こうして日本円、米ドル、ユーロなどの法定通貨での取引が始まった。取引に参加した投資家の現金は当然ながら、ＦＴＸに集まってくる。これが世間で認知されると、猛烈な勢いでＦＴＴトークンの価格が上がっていった。一時期は「一ＦＴＴトークンあたり八五ドル」にまで暴騰、時価総額は一兆円超えとなった。

本来、親会社子会社の関係にあるアラメダリサーチとＦＴＸは相場操縦を行う可能性があるから、つながってはいけない。仲間内でつくった空箱のＦＴＴトークンを系列会社（アラメダリサーチ）に買わせて価値を付けさせ、さらにそれを自分の取引所で上場させて、個人投資家に売るスキーム。これは明確な詐欺である。よく言うところのポンジスキームそのものだ。

けれども、まだこのレベルにおいては、ごく〝一般的〟な詐欺レベルといえる。ＦＴＸが破綻するほどではなかった。

〝三重〟の詐欺

次にバンクマン＝フリード氏は何をしたのか？

ＦＴＴトークンは当然自社トークンだから、発行しようと思えばいくらでもつくれる。彼はある狙いを持って、ＦＴＴトークンをＦＴＸのバランスシートに組み入れた。

ＦＴＴトークンの価格が急上昇中ということで、ＦＴＸという会社のバランスシート（資産）がどんどん膨れ上がってきた。

この手の投機的商品は、市場にお金がジャブジャブにあふれているときには、〝現金性〟が高まる。つまり、現金同等の扱いがなされるわけである。

ＦＴＸという会社の中身を知らない人は、この会社は市場でいつでも売れる資産を膨大に持っていると思い込んでしまう。実際にＦＴＸの資産ポートフォリオの六割がＦＴＴトークンであった。まさしくマジカルコインだ。

時価総額が一兆円を超えると、バンクマン＝フリード氏はそれを担保にさまざまな金融機関から資金調達を行った。これがＦＴＴトークンをＦＴＸのバランスシートに組み入れた狙いであった。

そして、彼はレバレッジを掛けまくった。株取引で信用取引をされている人も多いと思うけれど、一〇〇万円を入れたら三倍の三〇〇万円までは取引が可能だ。ＦＸではマックス二五倍までが許されている。

バンクマン＝フリード氏は、実際にはほとんどゴミのようなＦＴＴトークンをはじめとする暗号資産を元本に資金調達をし、有名人をたくさん起用して大々的なキャンペーンを張った。派手なCMを打ったり、スタジアムのネーミングライツを買ったり、Eスポーツチームのスポンサーになったり、超大盤振る舞いをした。

メジャーリーグの大谷翔平選手やテニスの大坂なおみ選手がFTXのアンバサダーに就いていたのを覚えている人も多いはずだ。

バンクマン＝フリード氏はFTTトークンの価格が下落すると、自社取引所FTXに投資家たちが預けている暗号資産にまで手を付けた。

最初に仲間内でつくった空箱スキームを詐欺レベル1とすると、価値のない資産で資金調達を行ったのは詐欺レベル2だろう。

さらに、顧客資産を担保に、資金調達やレバレッジを掛けたのは、詐欺レベル3にあたる。バンクマン＝フリード氏とFTXは〝三重〟の詐欺を行っていたのである。

致命傷となったマージンコールレベルの開示

どんな詐欺スキームもいつかは崩壊する。とりわけポンジスキームはお金が無限大ではないから、必ず崩壊する。

ＦＴＸ崩壊のきっかけは同社のバランスシートにあった。暗号通貨界隈のメディアに資産の実態が報じられたのだ。「アラメダリサーチの保有資産のほとんどが自社のトークンである」と。要はすっぱ抜かれたわけだった。

すると、暗号資産交換業の最大手のバイナンスが反応して、「ＦＴＸグループにはまともな資産がないことがわかった。ＦＴＸはかなり危うい。我が社が保有するＦＴＴトークンをすべて売却する」と声明を出した。

その直後に一瞬、ＦＴＴトークンの価格が下がった。そのときにアラメダリサーチがバイナンスに申し入れた。

「ＦＴＴトークンを売るのであれば、うちが二二ドルですべてを買い上げる」

これでいったんＦＴＸ危機は収まったかのように見えた。だが、ここでアラメダリサーチは致命的なミスを犯した。

「うちはＦＴＴトークンが二二ドル以下になったら、まずいことになる」

自社の追証（追加保証金）がかかる水準、いわゆるマージンコールレベルを、市場に開示してしまったのである。これは二二ドルを下回ったら、経営破綻に陥ると宣言したようなものであった。

ちなみにアラメダリサーチのキャロライン・エリソンCEOはバンクマン＝フリード氏とマサチューセッツ工科大学（MIT）では同級生。卒業後の就職先も彼と同じくHFT企業のジェーン・ストリート。彼女も優れたトレーダーであったという。一時は恋人関係にまで発展したとも聞く。

いずれにせよ、詐欺で儲けたきっかけも、崩壊の端緒もバランスシートだったことは因縁めいている。つらつら考えてみると、FTXという会社のガバナンス自体がそうとうオソマツであったに違いない。

リーマン・ショックと同等には扱えないFTX破綻

株式市場もこの暗号資産市場も同じで、血の匂いが漂ってくるとシャーク（鮫）が集まって来るという習性を持つ。FTXを囲い込んだいろいろなシャークたちが、FTTトークンの空売りをし始めたのだ。

バンクマン＝フリード氏は自己資金でFTTトークンを買い支えようとしたが、シャーくたちの一斉攻撃に耐え切れなかった。

FTTトークンは昨年一一月一四日に一・二ドルに急落、その時点でFTXが債務不履行レベルとなり、昨年一一月一一日にFTXは、日本の民事再生法に相当する連邦破産法一一条（チャプター11）の適用を申請した。

バタバタは続いた。この破産申請の日の夜、FTXのウォレットから約四億ドル（約五四〇億円）におよぶ顧客の暗号資産がハッキングされた。これは内部関係者の犯行ではないかと報道された。

その後、バンクマン＝フリード氏は裏暗号資産市場があると言われるアルゼンチンに出掛けるなど、怪しげな行動を取ったと伝えられた。彼は自宅のあるバハマに移動した。そして、米国政府から要請を受けていたバハマ当局は昨年一二月一二日、バンクマン＝フリード容疑者を逮捕した。

現時点での最大の問題は、一〇〇万口座にもおよぶ投資家の資産が取り出せないことだろう。バンクマン＝フリード氏たちは、自分たちがつくった無価値のマジカルコインだけでなく、顧客の資産までギャンブルに投じてすってしまった。彼らの空箱スキームが崩壊して、クラスアクション（集団訴訟）が起こされた。

このクラスアクションが対象とするのはＦＴＸ関係者のみならず、ＦＴＸのＣＭに出演していたり、キャンペーンに協力した芸能人やスポーツ選手まで含まれている。だが、訴訟を起こしたところで、戻ってくるお金は微々たるもので、その可能性も低いだろう。

以上が「暗号資産版リーマン・ショック」のあらましである。だが、リーマン・ショックとＦＴＸ破綻を同等に扱うわけにはいかない。

リーマン・ショックのときのリーマンブラザーズの倒産は、明らかに詐欺ではなかったからだ。リーマンブラザーズについては、当時、信用度の低い不動産担保証券を扱っていたとはいえ、投資家を騙そうとしていたのではなかった。

それよりも、当時の金融システムの腐敗が産み落とした金融ショックであったといえる。格付け機関にも大きな問題が潜んでいた。

タダのチーズは鼠捕りにしか置かれない

ＦＴＸ破綻が連鎖倒産を引き起こす可能性が取り沙汰されていたが、昨年一一月二八日、暗号資産の貸し付けを手掛ける米ブロックファイがチャプター11の適用を申請した。ここのビジネスモデルは、暗号資産もしくはビットコインを預けると、八％もの金利を支払うというものだった。

ＦＴＸにも同様のスキームがあった。暗号資産に金利が発生するのはちょっと不可解であるが、ここから学べることがあるとしたら、過去に投資詐欺事件を起こした会社がつくった金融スキームには共通点があるということだ。そもそも金利が滅茶苦茶に低いときに、なぜ高金利を出せるのか。それはどこから出てくるのだろうか。そこに収斂する。

こうした持続可能ではないスキームはいずれは崩壊するし、こうしたものは暗号資産に限らず、世の中にたくさん存在する。

日本にも過去に投資詐欺事件はこれでもかというほど存在していたし、いまも存在する。最初は数カ月、一年間程度は金利が払われるかもしれないが、そのうちに新しい被害者が増えなくなると、ある日突然に元本ごと消える。そんな事件は日常茶飯に起きている。

ここでロシアの諺を紹介したい。

「タダのチーズは鼠捕りにしか置かれない」

もともとチーズはお金を払って買わなければならない。タダのチーズがあるのなら、そこは鼠捕りである。タダのチーズを食べようとする鼠（人）は捕まるしかない。

今後、ＦＴＸ破綻が他の市場にもたらす影響はあるはずだ。暗号資産の業界に限っての連鎖倒産以外に考えられるのは、例えばテスラ株への影響も考えられよう。ＦＴＸに群がっていた人たちと同じ投資家層であるからだ。時間の経過とともに影響が出てくると、私は捉えている。

もう一つは、暗号資産全体に関して。ＦＴＸの失敗や破綻を受けて、各国の金融当局は強烈な規制をかけてくるはずである。締め付けてくる。そうなると、さらにＦＴＸのようなスキームを持つ暗号資産関連会社が崩壊していく。それは暗号資産の価値下落を引き起こしてしまうのだろう。

どの国の金融当局にも規制の網が被せられず、監視されない、本来の暗号資産の魅力が削がれてしまえば、そもそも論として、暗号資産自体の存在が問われよう。

厳しい規制を掛けられる暗号資産

暗号資産の登場時には、ユニークなアイデアのブロックチェーン技術に、私は非常に期待していた。

けれども、二年ほど前から、ほとんど詐欺スキームにしか使われない状況を見て、私は批判に転じた。そして、結果的にはＦＴＸ事件が発生し、暗号資産の信用は失墜した。魔法が消えて、馬車がカボチャに戻った。マジカルコインの魔法が無になった。残念ながら、こういう悲劇が起きてしまった。

ここから学べる教訓は、先刻も書いたけれど、「世の中に甘い話などない」ということである。それを踏まえて言うのだが、金融資産には〝リアルアセット〟、つまりきちんとした資産が山ほどあるという事実を見直していただきたいということである。

日本には上場会社が三五〇〇社もあり、日米合わせて八〇〇〇社を超える。コモディティにも投資ができるし、現物も先物も用意されている。

実在しているモノの相場がちゃんと動いていて、何らかのユーティリティ、実用性があって社会で使われている。ＦＸ（外国為替証拠金取引）もあるし、世界各国の通貨にも投資ができる。

こういうたくさんの投資先があるなかで、少し盛り上がっているからといって、暗号資産のような怪しいものに手を出してしまうと、今回のような結果になりかねない。

まあ、ビットコインに関しては、敢えて言えば、私は一定のユーティリティがあると認める一人ではある。

私はビットコインを批判してきた一人で、ツイッターなどでは過激な言葉を使うこともあったけれど、決して全面否定をしているわけではない。ある意味悪役を買って出て、暗号資産ブームに警鐘を鳴らそうとしたからである。

ＦＴＴトークンには何のユーティリティもなかったが、ビットコインが一定のユーティリティを備えているのは確かだ。ビットコインの特徴は、通常の金融システムではできないことができる場合があることだろう。

ただし、それは良いことにも悪事にも使える。ツールそのものには良し悪しはないのだけれど。

ビットコインだと本来は送金が困難な国に支援金を送れたり、独裁国家で迫害、弾圧されている人たちが国外脱出するときに、彼らの資産を移動させることができる。これは良い側面だ。一方で、悪い側面として、麻薬や武器の裏取引、あるいはマネーロンダリングに使われる場合もある。

ビットコインについては、規制を掛けられることにより、確実に悪事に使われる数は減るだろうが、良い方向に使われる魅力も同時に剝がされてしまう。

世界全体でみんなが秩序を守れば、規制をかける必要はないのかもしれない。だが、残念ながら、技術がどんなに進化しても、人間そのものは進化しない。人間のグリード、強欲が優ってしまう。

暗号資産交換業の最大手のバイナンスあたりも必死で失地回復に努めるのだろうが、FTX破綻を見た機関投資家筋は暗号資産の採用を断念するか、強い躊躇を感じたはずである。

とはいえ、ビットコイン市場がなくなりはしないだろう。スマートコントラクトで使われるイーサリアムも生き残るのだろう。今後も暗号資産は資産クラスとしてなくなりはしないだろうが、おそらく厳しい規制を掛けられるはずだ。

世の中に甘い話など転がってはいない。

いま一度、ロシアの諺、「タダのチーズは鼠捕りにしか置かれない」を胸に刻んでおきたいものである。

第七章

『四季報・新春号』解読で見えた日本復活

どの先進国よりも見通しが明るい二三年の日本経済

以上、大きな国際情勢の変化や最先端の技術の動向を読み解いてきた。それらを踏まえ、今後の日本経済、企業の行方を占っていく。

それを考えるにあたり、まずは『会社四季報』二〇二三年一集「新春号」をベースに話を進めることにしたい。今号のテーマは「無人化」である。おいおい無人化に絡む話が出てくる。できれば、当該四季報を傍らに置いて併読していただけると、理解が得やすいだろう。

毎年の新春号の特徴は、来期予想を見ながら二〇二三年の相場を展望する号となることから、年四回のうちでもサプライズ企業を発掘しやすいことにある。

今回取り扱うのは合計三五三八社。今期営業増益率は前号比「下振れ」でブレーキがかかる一方で、来期増益率は「上振れ」する形となり、二三年は全体として強い相場になりそうである。

つまり、前号（三カ月前）と比べると、来期の見通しがよくなっている。ここまで述べてきたとおり、これは全体的なトレンドであり、実は二〇二三年の日本経済の見通しは、どの先進国よりも強い。

ＩＭＦ（国際通貨基金）が二二年一〇月に出したＧＤＰ予想でもそうだし、その他の独立金融機関とかＯＥＣＤ（経済協力開発機構）が出しているものにおいても、基本的に日本は二三年、先進国の中でもっとも強い経済成長率を打ち出すとされている。

業績予想全体をまとめてみると、三五三八社全体で今期は一三・四％の増収になっている。今期とは二〇二三年三月末までのことだ。

前号比、三カ月前に比べると三・二％の上昇だ。営業増益は一五・九％上がっているのに、前号比では六・七％下げた。

前号比でトップラインが増えているのに、営業利益が下がったのは、コスト増が売上増より大きくなったことを意味する。つまり価格転嫁を進めてはいるものの、まだコスト増のほうが大きいのを示している。

来期に関しては、三％増収、一一・三％営業増益。三カ月前と見通しは変わっておらず、営業増益になっているということは、コストが減っているわけである。

つまり、来期つまり二〇二三年の四月以降の新年度は、いろいろな意味でインフレが収まり、コスト高、いわゆる原材料高が収まって、営業増益が回復していく予想なのだ。

また、中小型株、新興株で見てみると四八〇社あって、今期は一七・一%増収、二六・九%営業増益。来期は一四・三%増収、八三・〇%営業増益という具合になっている。

基本的に営業増益の実額では、今期は情報通信・陸運・電気機器。来期は自動車を含めた輸送用機器・銀行・情報通信などが牽引する予想を立てている。

東証三三業種別で並べると、今期稼げるのは空運・陸運・情報通信などで、来期は電気・ガス・空運・紙パ等々になっている。

新興市場の増益率がV字加速する可能性

周知のとおり『四季報』には「業績見出しランキング」という実に興味深いコーナーがしつらえてある。当四季報内の見出し数により、日本の上場企業のなかでいま何がトレンドになっているかを窺い知ることができると同時に、日本企業の全体像、日本経済の状況が映し出される。

例えば、一年前の業績トレンドは他でも抽出しているかもしれないが、これは『四季報』ならではのもので、三カ月前のものと対比できる。より細やかな変化が見て取れるのが嬉しい。

二〇二三年一集「新春号」の一位が「続伸」、二位が「下振れ」、三位が「上振れ」、四位は「最高益」、五位は「上向く」と続く。三カ月前の二二年四集秋号と比べると、上位一五位中のポジティブなコメントが一三個から一一個に減っており、コメント自体は少し悪化している感じだろうか。

ただし「続伸」は二〇一二年末以降で三回目の一位。三度目の正直で、二〇二三年末に向けて上昇相場になるのかを見てみたい。まあいずれにしても、業績面で見たら、先刻のGDP予想もそうだけれど、二〇二三年の日本経済、日本株はほぼ大丈夫そうに見える。

さらに二〇二三年一集「新春号」の業績集計表を見てみよう。

それぞれ市場別に前期の実績、今期予想、来期予想、売上高、営業利益、経常利益、純利益の順に載っている。

ここで次ページのチャートを見ていただきたい。まずは新興市場四八〇社のほうは、左から前期、今期、来期へと若干「への字」の形になっている。ちょっと前期は悪かったけ

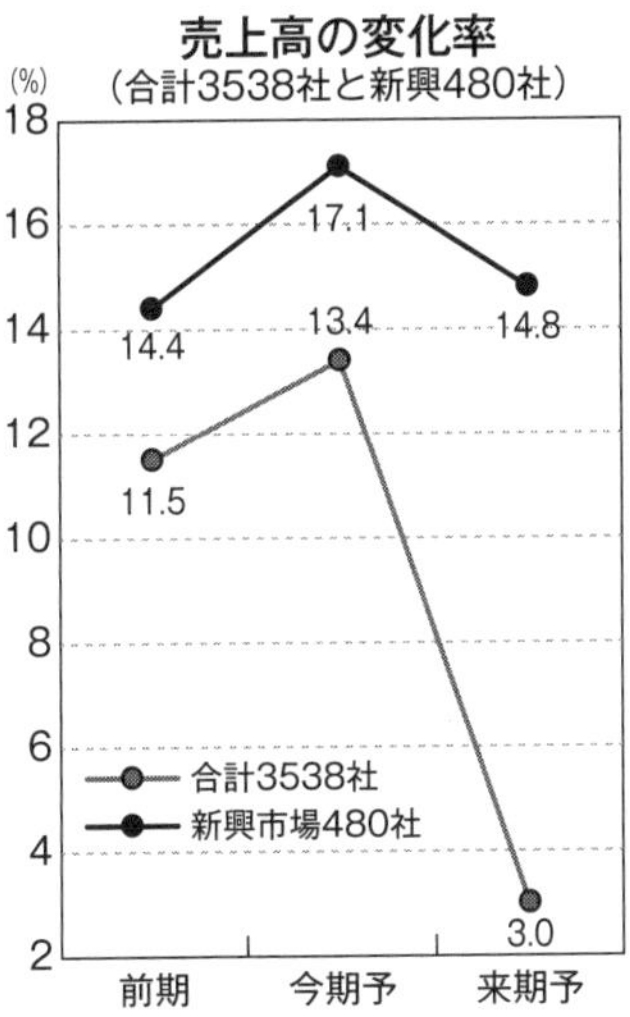

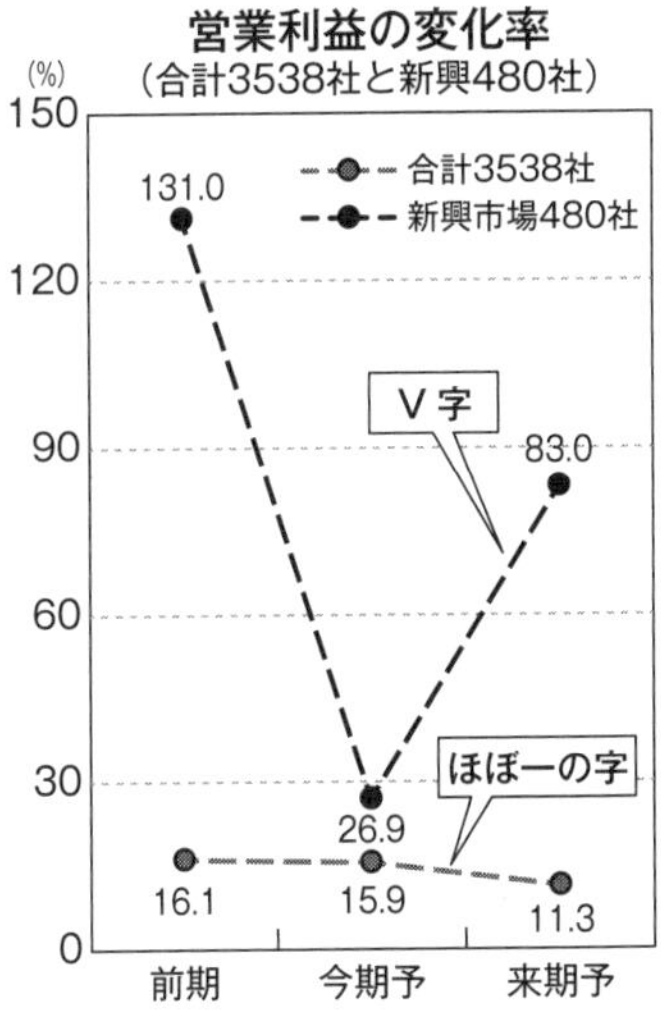

れど、今期はかなりよくて、来期は少し鈍化するという感じだろうか。

しかし合計三五三八社のほうは、来期が相当下に落ちてしまい、本当の「への字」になってしまっている。だから全体像としては、今期の売上高の大きな伸びから、結構落ち込む感じは否めない。

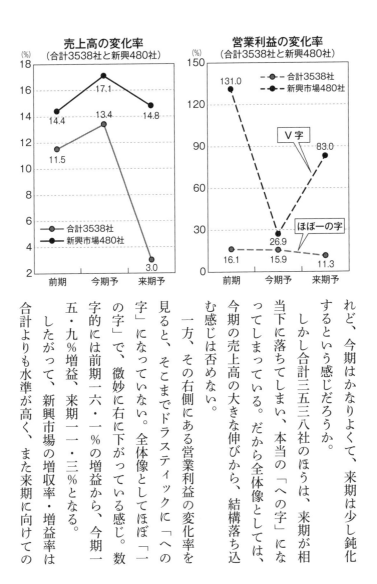

一方、その右側にある営業利益の変化率を見ると、そこまでドラスティックに「への字」になっていない。全体像としてほぼ「一の字」で、微妙に右に下がっている感じ。数字的には前期一六・一%の増益から、今期一五・九%増益、来期一一・三%となる。

したがって、新興市場の増収率・増益率は合計よりも水準が高く、また来期に向けての増益の勢いも新興市場が「V字加速」するものと思われる。

二〇二二年一二月までの「三カ月」株価パフォーマンスを見ると、東証G市場指数がプラス一四・八％、マザーズ指数がプラス五・二％。共に中小型株優位な展開であった。けれども、一年タームだとマザーズはマイナス二二・五％と大幅に出遅れた。仮に市場が来期の増益率や勢いを織り込む展開ならば、株価も新興（中小型）が優位な展開が続くであろう。

新興（中小型）の業績がよいのにかかわらず株価が上がっていない要因とは何か？ 大型株にお金が集まっている相場であるからに他ならない。

こうした状況を眺めてわかるのは、そこまで日本の個人投資家の人たちが新興（中小型）の優良銘柄を探し込めていないことである。これは本当にもったいないことだ。

けれども、二〇二二年後半から個人投資家のアカウントが急増してきたこともあって、二〇二三年からようやく東証グロース市場の相場が大きく動くのではないか。そんな予感がしている。

再び評価される日本流

二〇二三年一集「新春号」と前号（二二年四集秋号）を比べて、その変化についてもう少し踏み込んで考察してみたい。

先にふれたとおり、今回は前回の三カ月前に比べて、売上高が伸びている。つまり、値上げが売上高を伸ばしている可能性があるということだ。

ただその一方、仕入れという点では、原材料高はコスト高となり、利益を抑える構図かと思われる。要は、日本企業はコスト増を完全に価格転嫁できていない。価格転嫁できていないから、売上高が増えていても、コストのほうがさらに増えてしまって、利益が圧迫されているような状況にあるのではないか。そう私は捉えている。

しかしながら、これはある意味、日本の良さでもあるのだと思うのだ。この点は他の章でも若干解説したが、重要な部分なので、少し紙幅を費やしたい。

日本の企業は、米国のようにすぐには価格転嫁しない。できるだけ辛抱して、コスト増を〝吸収〟する努力を試みる。

米国企業は利益至上主義を貫く風土を持つので、そんな企業努力は露ほどもしない。すぐに値上げに踏み切り、リストラを断行するのが常である。

こうした米国企業の慣行には企業間構造の問題も横たわっていて、独占セクターが多いことが影響している。例えば鉄鋼、あるいは紙おむつのように、競合する会社がきわめて少ない分野が案外多い。一九八〇年代以降の規制緩和によって企業合併、買収を繰り返してきた結果、キーセクターを独占企業が握ったままなのだ。そうなると、インフレで企業物価が急騰しても、米国企業は簡単に価格転嫁、値上げができてしまう。

これも私の持論なのだが、利益がちょっとでも落ちると、値上げ、リストラに動く米国企業の風土が、結局は米国社会に大きな弊害をもたらしているわけである。この悪弊が大多数の米国民を痛めつけてきた。

その一方で、日本は米国とは正反対に、むろん限度はあるとはいえ、社会全体におよぶ影響を慮り、企業はできる限りコストを吸収しようとするし、従業員の雇用を確保しようとする。これは日本が長年培ってきた特有の〝美徳〟でもあると思うのは私だけではあるまい。

そうした日本ならではの特性は、世界が窮地に陥るような局面でないと評価されないものであった。けれども、今回こそ、世界は本気で日本的なやり方を評価し、取り込む時代に入ってきたのではないだろうか。

パンデミックを経験した世界は、結局、日本的なパーソナルハイジーンのきわめて高い生活様式に変えざるを得なくなった。欧米が高インフレに見舞われ、便乗値上げの物価高と便乗リストラが吹きすさぶなか、日本だけが企業エゴを最小限にとどめて、最小限の物価高に抑え込んでいる。

いま、日本人自身はそうは感じていないのだろうが、結局は日本のやり方が効率的で理に適っていると、世界が認め始めている。これまではそうではなかったけれど、難しい試練に立たされた世界の人々はそうせざるを得なくなり、ようやく理解に至ったようだ。

私は経済に関して、米国の利益至上主義、株主至上主義はもう限界を迎えており、米国経済は崩壊の危機に直面していると思っているし、かねがねそう伝えてきた。

中国の極端に行き過ぎた統制主義と、米国の極限資本主義の間ぐらいで、日本流が再び評価される局面があるのかなと思いを抱いてきたが、そろそろ日本の出番がやってきた感じがする。

私がそう言うと、懸念の表情を浮かべる人たちがいる。

「たしかに日本企業特有の美徳は存在すると思う。でも、今後の日本の企業は若い経営者に引き継がれていく。若い彼らはそれを受け継ぐのかどうか？」

私は受け継ぐのではないかと確信している。いまの若い人のほうがミレニアル世代にしても、Zジェネレーションにしても、コミュニティ意識というか、WE意識、私たちという意識が強い。

それこそベビーブーマー世代に比べると、より個性は豊かではあるけれども、一方で共同体意識が強い人たちなので、私はあまり心配していない。むしろ、その方向に流されていくことで、それが日本の本来のやり方にも合っているのではないか。

「業種別業績展望」で見えてくること

少々脱線してしまった。話を二〇二三年一集「新春号」の「業種別業績展望」に移そう。

今期（二三年三月末まで）で良いのは増収黒字の空運。悪いのは増収減益の紙パ・石油石炭・ゴム・ガラス製品・鉄鋼・非鉄・その他製品。そして増収赤字が電気ガス。減収赤字、減収減益はその他金融であった。

来期で良いのは、増収黒字で電気ガス、減収増益の医薬品。そして減収減益から増収増益となるその他金融。その他金融なども含めて金融セクターは、やはり金融の引き締め、実質利上げもあって、もしかしたら復活するかもしれない。

日銀は今後、政策変更を続けるのではないか。つまり、金利を上げてくるのではないかと、私は考えている。なぜか？ けっこう長い期間動かなった地銀の株価が動き出しているからである。ということで、業種としての狙い目は、わかりやすくなっている気がする。

来期にしても空運、陸運は引き続き好調だし、日本の医薬品メーカーについてはさらに注目度が高まっている。後押しをしたのは日本在留の中国人や中国人観光客だった。本国がウィズコロナに政策変更となったのを機に、ドラッグストアに押し寄せ、ありとあらゆる風邪薬の爆買いを行い、ひと騒動となった。

今期増収率・増益率上位

増収率上位

1	空運	80.9%
2	鉱業	68.7%
3	電気ガス	41.7%
4	石油石炭	36.3%
5	ゴム	22.3%
6	海運	20.9%
7	輸送用機器	20.4%

増益率上位

1	空運	黒字化
2	陸運	301.8%
3	情報通信	119.3%
4	鉱業	109.3%
5	海運	27.4%
6	医薬品	24.9%
7	小売	19.5%

来期増収率・増益率上位

増収率上位

1	電気ガス	20.3%
2	他金融	9.9%
3	ゴム	9.7%
4	空運	9.2%
5	不動産	6.2%
6	陸運	6.1%
7	サービス	5.8%

増益率上位

1	電気ガス	黒字化
2	空運	81.2%
3	パルプ紙	63.6%
4	保険	56.7%
5	サービス	31.0%
6	金属製品	29.9%
7	ゴム	28.2%

需要逼迫必至のパワー半導体

さらに以下、二〇二三年一集「新春号」における半導体に関するコメントを拾ってみる。半導体市況は、二〇二二年夏にピークを打った。その頃は半導体不足と騒がれていて、半導体関連株が買われ、株価もピークだった。

ところが半導体を必要とする自動車製造は逆に半導体不足となって、ずっと生産に苦しんでいた。そうした状態が二〇二二年九月まで続いていた。

そこを過ぎると半導体不足が緩和してきて、そのうちにダブつきに変わりつつ、いま（二〇二三年三月）に至る。それで自動車はいまとても元気な状況にある。

トヨタは三年連続で生産台数世界一位を確保、昨年来の円安がかなり効いたので、日本の自動車メーカー、自動車部品メーカーの業績は復調している。この先、おそらく二〇二三年の後半にかけて、自動車はさらに元気を増していく感触を抱いている次第だ。

かたや半導体に関しては、足りない状態から過剰気味となっていることから、市況は二〇二三年の上期までは非常に厳しいと思われる。下手をしたら秋までは低調が続くかもしれない。ただし秋以降には回復していくとの見通しである。

一口に半導体といっても、本当に多様に枝分かれしており、なかでも大きなテーマとして注目を浴びるのは、「5G」「EV」「パワー半導体急拡大」「デジタル化」「スマホ回復」といったところだろうか。

実はこれらのテーマに対する日本のポジショニングがきわめて良好なのを知っておくべきだろう。EVに関しては、日本勢が出遅れているイメージを持たれる人がいるだろうが、日本のバッテリー技術などは世界で優位を保てるレベルにある。

5G、パワー半導体にしても、日本企業はおおいに活躍できる素地を持っている。だから、先にふれたように、自動車と半導体の市況サイクルがずれても、日本はさほど悪影響を受けない。既述したように半導体の市況サイクルが回復してくると、逆に二〇二三年の秋以降には、ダブルで市況サイクルが上向きとなるので、期待していいところだろう。

ここで読者諸氏にはあまり耳馴染みのない「パワー半導体」について、少し説明を加えたい。パワー半導体は、電力の制御や変換を行うことによって、半導体の能力を向上させる。電子機器の「心臓」に該当するともいわれる。

長期的に需要が拡大するＥＶの電気制御、自然エネルギーの省エネ推進向けの必需品として知られる。日本のメーカーでは富士電機、富士通、三菱電機、東芝あたりが、製造を担うだろうか。効率的にかつ高精度に電子機器をコントロールする電力と、電子の分野が重なった技術、パワーエレクトロニクスの分野に属するとされる。

より電気を効率的に使おうという目的と、加えて、半導体をプロテクトする目的を達成する性能を併せ持つ。つまり、モーターとか照明などの制御、電力の変化を制御する半導体なので、生産に高電圧、高電流が不可避な分野に適しているのが、最大の特徴といえる。今後は車載向けの需要逼迫が必至とされる。

人の手がなるべく要らない現場作り

二〇二三年一集「新春号」に登場するキーワードをチェックしてみると、登場回数が多いキーワード一位は「回復」、二位は「増配」、三位は「受注」。ここまでの順位は前号（二〇二二年四集秋号）と変わらず、四位は「値上げ」、五位は「円安」。これらは順位を上げて数も増加している。

一方、増加率のトップは「訪日」で、前号比で三倍以上になっていて、「インバウンド」も五七％増と、大きなテーマになっている。そして、前号比六五％増の「人手不足」は、今回の僕らがテーマに設定した「無人化」につながるものだ。また前号比六五％増の「パワー半導体」は先に紹介したとおり。

したがって、大づかみに申せば、三カ月前、一年前とトレンドはそうは変わってない。注意すべきは、「訪日」「インバウンド」「人手不足」というテーマが〝再浮上〟してきたことであろう。

ではなぜ今回のテーマを「無人化」に定めたのか？　日本はやはり少子高齢化社会であることから、生産労働人口が減少するという構造問題を抱えている。ということは、日本のＡＩ化は必須だし、無人化への展開は必要不可欠といえる。

ただ日本は歴史的に、自動・省人化する技術力は優れており、革新をもたらす企業が数多く存在する。また、無人化することで新たな産業が生まれたことも事実である。

無人化銘柄では三社に対するコメントがピックアップされているので、参考までに紹介しよう。

登場回数の多いキーワードと増加率・減少率上位のキーワード

	登場回数が多いキーワード		
1	回復	968	11.0%
2	増配	724	0.3%
3	受注	634	-0.2%
4	値上げ	533	20.0%
5	円安	514	31.5%
6	赤字	485	9.0%
7	コロナ	461	-19.1%
8	価格転嫁	294	6.5%
9	原材料高	265	-6.4%
10	提携	260	-2.6%
11	人材	255	2.4%
12	DX	223	-8.2%
13	環境	209	-0.5%
14	EC	207	0.5%
15	M&A	160	-12.6%

	前号比増加率上位のキーワード（20以上）		
1	訪日	60	233%
2	自己株買い	37	95%
3	ノウハウ	48	78%
4	貸倒	36	71%
5	人手不足	28	65%
6	パワー半導体	28	65%
7	インバウンド	22	57%

	前号比減少率上位のキーワード（15以上）		
1	都市封鎖・ロックダウン	66	-59%
2	尻上がり	20	-56%
3	5G	38	-38%
4	SNS	39	-35%
5	収益認識基準	76	-33%
6	巣ごもり	45	-31%
7	コラボ	25	-31%

出所：複眼経済塾

〈1820〉西松建設。ここは準大手ゼネコンで、二〇二三年に山岳トンネルの無人化施工の実証を目指している。省人化を追求し作業員不足に対応するという。ここは香港第三海底トンネル工事などを請け負った実績を持つ。

〈6347〉プラコーは中空成形機などプラスチック加工機の専業メーカー。自動車用小型樹脂タンク成形機で新展開とある。顧客企業から要望の多い省人化・無人化に対応した成形機の研究開発を進める。リサイクル機器で大型案件を獲得している。

〈6396〉宇野澤組鐵工所は工業用ポンプ、送風機の中堅メーカー。自社開発のドライ式真空ポンプは、業界で独占状態。新鋭工作機はプログラミングなど装着を急ぎ、今期中に本格稼働。無人化と内製化の拡充で、機械製造部門の黒字化を目指すとある。

そもそも無人化を進展させなければならない背景には、人手不足が一番大きい。もう一つは、生産性を向上させるというテーマがある。その過程として自動化、機械化、効率化、加えて電力の省力化をクリアしていかねばならない。そして、一部においては無人化する。

そのツールとして、いま使っているのは通信高速化、AI化、DX化、あとは人型ロボットの導入となる。どの業界においても最終的に目指すところは、人の手がなるべく要らないような現場作りだ。これに集約される。

例えば小売業の現場を見てみよう。

最近では読者諸氏も気付かれているだろう。コロナを契機として、コンビニの支払いシステムが大幅に変わった。セブン-イレブンでは店員とキャッシュのやり取りはしない。従来のコンビニ従業員の仕事の領分を大きく占めていたキャッシュのやり取りが省かれ、従業員は他の仕事に従事できるようになった。例えば、店内の整理整頓や清掃が効率的にはかどるし、大きな店に関しては、従業員の削減につながることもあるだろう。

おそらくコンビニの究極的なビジネスモデルは、店舗の完全無人化と思われる。すでにアマゾンなどは北米で実証実験を行っている。入店した客が品物をカゴに入れ、店外に出た時点で、その客のデビットカード、クレジットカードに記録されるシステムである。

日本のフィンテック企業もこれにフォーカスしており、三菱ＵＦＪを含む三メガバンクは、あとから支払いをする新型キャッシュレス・デビットカードの開発をしている。これは後払いシステムだから、実質的にはクレジットカードに近い。

こうした状況を考えると、リモートワークも含めての話だけれど、コロナ禍は省人化・

無人化の流れを加速させたわけで、相場を大きく動かすパワーを秘めている。

注目すべき一五銘柄

さて、二〇二三年一集「新春号」の特色欄、もしくはコメント欄に「無人」のワードがある銘柄を挙げてみよう。

なかでも目立つのは、人手不足が厳しい建設セクター。

〈1793〉大本組は、土木主体の中堅から建築主体にシフト。岡山を地場に全国展開中。無人化施工技術など独自技術に強みを持っている。

〈1822〉大豊建設は、無人ケーソンの両工法で大型土木工事に強みがあると強調している。

〈1828〉田辺工業も、自己位置確認システム装備の無人輸送車を倉庫内や工場向けに拡販とある。これは無人輸送車がテリトリー内を巡回するシステム。

〈2153〉E・Jホールディングスは、無人潜水機による地形・水質調査、ドローン活用による点検などを売り物としている。

〈２９２８〉ＲＩＺＡＰグループは、二四時間無人営業で会費激安の小型ジムを本格展開中。これはテレビＣＭで見たことがある。

〈３０６６〉ＪＢイレブンは、高採算のラーメン業態「有楽家」や、餃子無人店を展開中だ。

〈３１８７〉サンワカンパニーは、横浜に続く無人ショールームを埼玉などに開発検討。

〈３２８６〉トラストホールディングスは、車中泊ビジネスの会社である。無人チェックインのＲＶ車中泊サービスを、九州中心に五〇カ所へと拡大する。キャラバンＲＶをホテルの部屋代わりにするわけだ。

〈３９９６〉サインポストは無人レジ、無人決済システムが堅調。

〈４２６４〉セキュアは、先進無人店舗システム事業化。おそらくコンビニの無人化をこういう会社が先導しているのだろう。

〈４４３１〉スマレジは二〇二二年一〇月、神奈川に当社ＰＯＳと外部アプリなどを活用した無人クリーニング店を開業した。

〈４６６６〉パーク24は、二四時間無人時間貸し駐車場タイムズでお馴染みの会社で、Secure Parkingを英国や豪州でも展開中。カーシェアリングを第二の柱に育てる構想。

〈５０２６〉トリプルアイズは、ＡＩ認識の実装開発企業。勤怠管理、無人店舗営業など豊富な案件をこなす。
〈６２３２〉ＡＣＳＬは、ドローン専業の会社。屋内自動飛行に注力。機体を含め無人化システムとして提供している。
〈６９９５〉東海理化はデジタルキーを活用した無人レンタカーシステムを開発した。

巨大人口国が味わう塗炭の苦しみ

こうしたコメント欄からもわかるように、無人化ビジネスはまずは人間が行う受付や代金のやり取りを排除するところから始まって、徐々に大掛かりなシステム化へとステップアップしていく最中にある。

私は時間の経過とともに、間違いなく高度な次元の仕事まで、人が要らなくなると思う。

高度な次元とは、例えば建設機器。おそらくそのうちにすべてが自動運転になるのだろう。いまは輸送トラックの運転手が足りないと大騒ぎしているけれど、そんな話もやがてなくなるはずだ。

要は、これはコロナ禍後の世界経済の姿も同じなのだが、近未来の世界においては人手不足が問題ではなくなる。逆に、人が有り余っているのが問題になってくるわけである。サービス、運輸・通信、卸売・小売・飲食、製造業等々の仕事に就いていた人たちを、どうやって別の仕事で使うかを考えねばならなくなる。

その場合、その人たちを付加価値の高いところに投入できるとは限らない。なぜなら、その技術が備わっていないわけだから。つまり、人間にスキルがない。そうなった場合には、自国民一人一人のスキルレベルが高い国が断然優位に立つことになる。

翻って、人口がむやみやたらに多い国は困るわけだ。それはそうだろう。仕事がどんどんAI化し、自動化していくなか、一人一人のリソースが少ない国では失業者があふれてどうしようもなくなる。

有効なスキルを持てない人たちは仕事を持てず、不満と憤りは政府に向けられるはずだ。だからこそ、おそらく職にあぶれた大半の人々が暴動を起こさないよう、ベーシックインカムを導入しなければならなくなるだろう。ベーシックインカムはすべて政府負担となる社会保障のカテゴリーだ。

結局、この先の世の中は、国にとっても、国民にとっても、いまとはかけ離れたものになっている可能性が高い。いままでは人口が多ければ、出生率が高ければ良かったけれど、これからはそうではなくなってくる。いまはちょうどその転換期に差し掛かっているのではないか。

これまで日本経済について悲観的な見方の根拠に多くあったのは、日本の人口減少と少子高齢化であった。

しかし、かねてより私はその考え方に疑問を呈していた。必ず訪れる省人・無人化の世界になったら、少子高齢化など問題にならないはずだからだ。

むしろ、人口の多い国がこれからは〝難儀〟になるのだと私は唱えてきた。

省人・無人化ビジネスの発展は必ず膨大な人を余らせる。途方もない数の失業者を生み出す。巨大人口国に塗炭の苦しみをもたらす未来が待っているわけで、いまは、きわめて重大かつドラスティックな転換期を迎えつつあるということになる。

これまでは人口が多いほうが、経済規模も大きくなりGDPが膨らむと、ごくシンプルに捉えていてよかった。ところが、その概念を人類の技術の進歩が〝転換〟させてしまったのだ。

国家がいくら人口を多く抱えていても、国民の多くが時代にそぐうスキルを持たず、付加価値の高い仕事ができなければ、国にも経済にも貢献できない。それどころか、国にとっては負担になってしまう。職が得られないから、ベーシックインカムの〝受給者〟になるのである。

逆に言うと、国がベーシックインカムを保証しなければ、社会不安が膨張してきて、政権転覆の動きや暴動が起こりかねない。

だから少し先のことを考えると、中国はもちろん大変だろうし、米国が移民を止めた背景にもそうした要素が含まれているのではないだろうか。

米国はいま移民を止めているのだけれど、共和党政権から民主党政権に代わっても、基本的に方針を覆していない。先にツイッター社のリストラの件で、外国人の就労ビザの再取得がきわめて困難になっていることを記したが、その件にもつながる話である。

米国のような、いままで移民を歓迎、奨励してきた国でさえ、技術の進歩でこれまでどおりの政策では危ない、と考えていると言えるのである。

第八章

無人化大国・日本の強さ

起爆剤となったキャッシュレス時代の到来

さて、話の中心を日本の省人化・無人化企業に戻す。これまで紹介したのはほんの一部で、日本には本当にとんでもない技術を備えたフィンテック企業が山ほど揃っている。

私も一四年ほど前から『四季報』を読んで、「こんな企業があるのか」と毎回驚かされてきた一人である。

そこには私の大好きな日本人の職人気質も活きているし、勤勉さも活きているし、独特な企業文化も息づいており、嬉しくなってくる。なにしろ創業一〇〇年を超える老舗企業が世界で断トツに多いのは日本なのだから。

そんな歴史を携えながらも、一方で、今後の省人化・無人化に変わっていくうえでの技術を取り込んでいるのは、日本の、日本人の、かけがえのない能力だと思う次第である。

だから、日本に必要だったのは〝きっかけ〟だけだったのだ。

もう一つは、技術は一方向で勝手に進めないということなのだろう。

ある分野で一つの技術を革新的に開発しても、それだけでは何も起こらない。

スマホだってそうだった。アプリケーション分野のみが発展していっても、４Ｇとか５Ｇが出る前は、スマホでＹｏｕＴｕｂｅは見られなかったではないか。ダウンロード、再生するのに時間がかかりすぎたからである。

つまり、関連する分野の技術が、例えば通信技術が発展することによって、本来であれば活かされなかった機能が活かされてくるようになった。

繰り返すけれど、要は技術とは一つの分野だけ突っ走っても意味がないことが、私にはよくわかった。関連分野もキャッチアップしてこないと、大きなソリューションとか、大きな生活スタイルを変えるようなものはつくれないことを。

だから、ある意味、日本企業もいろいろ持っていた技術、蓄積してきた技術はあったけれども、宝の持ち腐れだった。そこにいま通信インフラはじめ、さまざまなインフラが追いついてきた。あとは人々のマインドの変化を待てばよかった。

日本はドイツと共に世界でもっとも現金使用率が高い国だったけれども、今回のコロナ禍をきっかけに、予想以上にキャッシュレス決済が浸透していった。私は、これが大変な〝起爆剤〟となったと捉えている。

天の配剤かもしれないが、そこで巨大な相乗効果が発生し、それを勢いにして技術のブレイクスルーを次々と誘発させている。そんな感じだろうか。

さらに言及するならば、これから5Gの次の6G時代に向かって重視しなければならないのは、むろん通信インフラも技術インフラ（パワー半導体含む）もそうだけれど、結局、すべては電力供給に収斂されていく。

人手不足業種と人余り業種の実態

高速通信化、AI化、DX化、人型ロボット。この四つがバラバラでなく全部が絡み合ってお互いが刺激し合いネットワークができてはじめて、省力化・無人化社会が機能していくわけである。

これを踏まえ、改めて日本の無人化を考える前に、日本の就業者の現状と過去をさらってみよう。

日本の就業者は一九五三（昭和二八）年の三九一三万人から増加、二〇一九年には六七五〇万人とピークを打ち、その後はやや減少している。

今後は少子高齢化の影響でさらに減少するのは不可避であるが、特に農林業が三八％

（一九五三年）から二・九％に大幅減となった。さらに高齢者が多いことから、人手不足の恐れがある農業の無人化が急務だ。

産業別比率で見ると、製造業比率は一九七〇年代半ばまで一番高く二七・四％まで上昇したけれど、一九七三年に変動為替導入で円高になると、生産の海外シフトが進み、一五・六％（二〇一九年）まで低下している。建設は一九九七年、卸・小売は二〇〇二年に比率のピークをつけてから緩やかに低下、自動化・機械化の流れを受け入れつつある。

サービス業は一九九四年に製造業を抜き、産業別比率でトップに立った。現在は三三・一％（二〇一九年）と最大の就業者を擁する業になっている。当然、省人・無人化の可能性が大きい一方で、無人化できない業種に注目する必要もある。

サービス業のなかには受付、レジなど省人化しやすいところもあれば、省人化しにくい接客もあって、やはり単純に考えづらい要素を備えていることも留意したい。

二〇二二年一〇月時点での求人数（企業が欲しい人の数）と求職者数（就職したい人の数）の上位を見てみると、サービス、介護の求人数が圧倒的に多いが、求職数が少なくて人手不足となっている。

事務職・運搬・清掃等の求職者数は多いけれど、肝心の求人数は少なく、人が余ってい

サービス、介護の求人は多いが求職は少ない（人手不足）

	業種別	求人数（企業側）	求職数（応募側）	有効求人数倍率（倍）
1	サービスの職業	560,559	181,684	3.09
2	専門的・技術的職業	482,424	253,886	1.90
3	介護関係職種	294,914	75,904	3.89
4	生産工程の職業	242,605	121,996	1.99
5	介護サービスの職業	221,757	58,493	3.79
6	販売の職業	220,831	113,285	1.95
7	運搬・清掃・包装等の職業	217,822	264,539	0.82
8	事務的職業	215,151	477,067	0.45
9	一般事務の職業	145,230	406,048	0.36
10	飲食物調理の職業	136,633	45,717	2.99

事務職、運搬・清掃等の求職は多いが求人は少ない（人余り）

	業種別	求人数（企業側）	求職数（応募側）	有効求人数倍率（倍）
1	事務的職業	215,151	477,067	0.45
2	一般事務の職業	145,230	406,048	0.36
3	運搬・清掃・包装等の職業	217,822	264,539	0.82
4	専門的・技術的職業	482,424	253,886	1.90
5	サービスの職業	560,559	181,684	3.09
6	その他の運搬・清掃・包装等の職業	56,674	170,464	0.33
7	生産工程の職業	242,605	121,996	1.99
8	販売の職業	220,831	113,285	1.95
9	介護関係職種	294,914	75,904	3.89
10	商品販売の職業	135,878	69,992	1.94

出所：複眼経済塾

る。サービス業・専門的／技術的職業・販売業などは需給がマッチしているようだ。

例えば、介護など難しい仕事、ヘビーな仕事は、求人広告は多いものの、職を求めている人が少ないことがわかる。一方で、事務職やデザイナー、写真家など、いわゆるきれいな仕事については、人が有り余っていることが窺える。

ということは、ここから本当は、介護などはなるべく自動化、もしくは介護ロボットを使うべきだとする結論は明確に出ているのではないか。

もう一つの問題として挙げたいのは、政府が補助金を潤沢に出して、求人数がたくさんあるのに人が集まっていない業種に関しては、給料と仕事の内容がマッチしていない、ミスマッチしているということだ。そこに需給ギャップが生まれたと思われる。市場とはすべて〝需給〟関係で動いているから。

ということは、求人数の割に人気薄の業種は、そこの給料が働きたい人が望む給料に満たないことを、如実に物語っているわけである。

例えば、サービス業の有効求人倍率は三倍になっている。そのなかには飲食や外食産業が多く含まれており、すでに一部では配膳ロボットが登場している。

専門的、技術的職業、こちらも有効求人倍率が一・九倍となかなか高い。介護関係はさらに高くて三・九倍にもなっている。

かたや、運搬・清掃・包装などの職業については有効求人倍率〇・八二倍に留まる。事務的職業〇・四五倍、いわゆる一般事務の職業も〇・三六倍と人余りが甚だしい。それでいて飲食物調理（料理人）の仕事に目を転じると、まったく人手が足りず、二・九九倍である。

これらのデータから見ても、サービス業においては、どこに無人化・省人化を進めるべきかが明確にわかる。人が足りないところをより無人化して、うまく回していくべきなのだ。

特殊な業種別で見ると、建設の軀体工事は有効求人倍率一〇・〇七倍とずば抜けて高いし、採掘業（採鉱、石切り出し）も六・五一倍もある。

やはり建設関連、とりわけ土木関連について無人化は喫緊の課題となっている。だが、これは日本に限らず、どの国でも足りない。昔から言われる3Ｋの仕事にはなかなか寄り付かない。力仕事はロボットにやらせるしかないのだろう。

保安の職業も同様で、自衛官、警察官、警備員も有効求人倍率六～七倍、ここも人が足りない。

ポイントは人材のミスマッチの克服

これはかねてより私が主張してきたこととリンクするのだが、一方向での技術では勝手に進めない状況から脱出した日本の重工業は、またとない僥倖を得たのではないだろうか。

無人化、ロボット化の流れに乗っていく日本の重工業は、三菱重工にしても、ＩＨＩにしても、川崎重工にしても、コマツにしても、日本の半導体メーカー、ＡＩの新興企業などとコラボし新たな成長期を迎えられるからである。

例えばコマツなどは、ＳＦ映画に登場する超巨大なロボット建機をつくって、世界のリーディングカンパニーになれるだろうし、そうした企業を今後輩出できる国はそう多くはないはずだ。

こうした流れがもう日本において進んできていることから、いま一度整理して言うのだが、将来的には少子高齢化問題はまったく問題ではなくなるだろう。

われわれにはこれまで、さまざまな技術が足りなかった。けれども、ようやく必要な技術が整ってきた。通信インフラもＡＩもこれまでと違って、経済的にもリーズナブルに利益が取れるようになってきた。

また、時代背景としても非常にわかりやすい。時代はグローバル化から、〝アンチグローバル化〟に移行中なので、いままでのようにその案件を海外に持って行けばいいということではなくなった。

そこでまた先の話に戻るのだが、日本には事務的職業にいる人たちが、たいへんな人余りになっていて、このミスマッチをどう克服するのかが大きな課題となって浮上してきている。

日本が迎えつつある新時代に向かい、一人一人のスキルをいかに上げて、生産性を高めるか。そうしたスキルアップした人たちを、もっと付加価値の高い、生産性の高い現場でどう雇えるか。そこが〝解〟だと思う。

だからいま、「リスキリング」が盛んに叫ばれているわけである。

ここ一〇年間に限定して、二〇一二年末比で求人数が増加した業種（人手不足）と減少した業種（人余り）をチェックしてみよう。

「生産設備制御・監視」という生産設備のモニタリングや、運転状況の調整など制御・監視の仕事に従事する人材の求人が増加した。二〇一二年から二〇二二年にかけての求人数の変化率は六二四・八％にも達した。

これは何を意味するのか？ 自動化されたがゆえに必要とされる人材が不足しているという事態がいま起きているのだ。つまり、一部ですでに自動化しているというものの、やはりモニタリングする人材は不可欠なのである。

有り余った人材をどう育てて、振り分けるかのポイントは、一つここにありそうだ。例えば、マシンがブレイクダウンしたときにシステムを直す。ロボットが壊れたときに修理する人材が広範に必要になるのは確実で、そうした技術者、プログラマー、プロセスマネージャー、工程管理者たちはすでに奪い合いになっている。

企業側のそうしたニーズを満たすために、掛け声だけでなく官民一体となって必死に育成しなければいけない。そして元来こうした分野は、技術でずっと飯を食ってきた日本人に向いているから、もっと国は教育に力を入れるべきなのだ。

無人化をサポートするＡＩ

業種について縷々論じてきたことを、ここでまとめてみる。

まずは求人が多くて求人倍率の高いのはサービス業である。

家庭生活支援、家事手伝い、介護、保健医療、生活衛生、飲食調理、接客・給仕など、人を必要とする業種が多く無人化は難しい。無くならない業種だからこそ、逆に無人化できたら大きなビジネスになる可能性を秘めているともいえる。介護や保健医療の無人化は困難と捉えられているけれども、ここが無人化できたらビジネスチャンスとなるのは請け合いだろう。


求職者が多いけれども、求人が少ない代表が事務の職業。

総務、人事、企画・調査、受付、秘書、電話応接、会計、窓口、営業・販売事務、データ入力などあるけれど、これらについては省力化・無人化の流れで人余りが加速する可能性が高い。だから、ある意味これらの分野で就業されている人たちは、少し不安ではないか。だから、何かのスキルをつけなければならない。そういう時期にきている。

続いて、求人倍率が高い建設・採掘の職業。

土木作業員、大工、とび、タイル張り等々、仕事は多岐にわたるけれど、圧倒的に人手不足で、自動化・無人化が期待される分野といえる。そして、二〇一二年末、二〇年前に比べて求人数が減少したのは商品販売と接客・給仕などの職業。

前者の商品販売はコンビニ、ガソリンスタンド、百貨店・スーパーの店員、レジ係、医薬品・化粧品販売員などだが、すでにガススタンドはセルフで無人化しており、無人化の流れは加速度を増している。

後者の接客・給仕などはレストラン、旅館・ホテル、乗物客室係、接客社交係、芸者、ダンサー、娯楽場、スポーツ施設、ソムリエ等々。これらについてはコロナの影響で求人が一時的に減少した可能性がある。

これらは復活するかもしれない。「おもてなし」という観点では、無人化は難しく、むしろ人手不足になる可能性もあるからだ。

接客サービスのすべてが無人化できるわけではない。やはりそこにそれなりの人がいて対応しなければならない業種がある。そこは逆に、有り余っているところから人が必要になるところに、いかに人を動かすか。一つのポイントとなる。

二〇一二年末比で求職数が増加しても、求人倍率が高いのが医師・看護師・医療技術者だ。

人にしかできないものが多く無人化は難しいが、これらをサポートする技術は今後大きく発展するはずである。もちろん医師がすべてロボットに代わることはあり得ない。しかしながら、ＡＩはそのサポートにおおいに貢献できるのではないか。ここにきてリモート診療も徐々に浸透し始めている。あとは予防医療であろう。これでなんとか医師、病院の負担が減るようになればいい。

最近では病院もキャッシュレス化がかなりの勢いで進んでいる。私などは病院での支払いは事前にクレジットカードを設定しているおかげで、精算を待たずにそのまますぐ帰ってこられるので非常に便利だ。

病院という場所は、医師と接する時間が短いわりに、その他の不随的な時間が多すぎることから、おそらく今後はそんな欠陥も解決されていくのだろう。

日本のお家芸だった無人化システム構築

ここからは自動化・省人化・無人化で発展した日本の企業の産業・企業の歴史について、振り返ってみたい。

実はトヨタグループの原点である豊田自動織機は、その代表例といえる。グループ創始者の豊田佐吉は一八九六年、日本初の動力織機「豊田式汽力織機」を発明した先駆者であった。一人の作業者が三〜四台を運転することが可能となり、生産性は従来の二〇倍以上に高まった。

そして一九二四年に発明した「G型自動織機」では、一人の作業者が三〇台から五〇台を運転することが可能になった。勝手に推測して、生産性は単純計算でも二〇〇倍以上になったと思われる。

バス業界にもこんな歴史がある。

一九〇三年年九月、京都二井商会が日本初のバス事業をスタートした。戦後、バスには運転手ともう一人、車掌が乗車していた。車掌はバス運賃の受け取り、ドアの開閉を行っていた。ところが一九五一年になると、大阪市で日本初のワンマンカーが登場。都市の拡大に伴い運行時間が延長され、女性車掌の就労時間の制約や〝車掌不足〟が生じ、ワンマンカーの普及に拍車がかかった。

そこで国土交通省や関連団体が連携し、乗客が乗り降りする扉の大きさ、それを動かす仕組み・装置、目視のためのミラーなど「ワンマンバスの構造要件」を定め、各メーカーによってワンマンバスが開発された。

もう一つ俎上に上げたいのが、世界初の無人運転新交通システム「ポートライナー」。一九八一年二月、世界初の無人自動運転による新交通システムが神戸で開業した。コンピュータ制御で運行がすべて自動化され、無人運転できる電車は「新交通システム」と呼ばれ、話題を集めた。

これは神戸の中心地・三宮から、当時海上都市として整備された人工島・ポートアイランドを循環するようにできた路線であった。日本最初の「無人運転」という名声を得るために、同時期に開発に着手した大阪の「ニュートラム」とデッドヒートを繰り広げ、最終的には神戸のほうが先に開業を果たした。

世界初の新交通システム、つまり無人電車は神戸「ポートライナー」、大阪「ニュートラム」、東京「ゆりかもめ」、横浜「金沢シーサイドライン」、東京「日暮里・舎人ライナー」、愛知「リニモ」、広島「スカイレールサービス」など、日本のさまざまな場所で展開されている。

海外に目を転じれば、アラブ首長国連邦「ドバイメトロ」、フランス「VAL」、シンガポールの「MRT」、香港の「MTR」などが知られるが、日本は数が多いし、先行したイメージが強い。

したがって、日本は少子高齢化でなかった時代でも、鉄道の自動化・省人化・無人化にチャレンジし、ある意味では手慣れている。無人で何かモノを動かすことにチャレンジするというメンタリティが日本人には備わっているようである。

真っ先に紹介した豊田自動織機などは典型だろう。あの当時は働き手がいっぱいいたはずなのに、無人化して自動の織機をつくることにより、技術革新を果たした。豊田佐吉翁は人並外れたチャレンジ精神の持ち主であったし、日本人の特性を物語っている気がしてならない。

さらに言えば、日本人のものづくりのオリジンは昔のからくり人形、つまりロボットの原型に求められるのかもしれない。かつて私は、昔のブループリント（青写真・精密設計図）を元にお茶を運んでくる、ゼンマイ仕掛けのからくり人形をつくった人の話を聞いたことがあるけれど、本当に興味深かった。

だから、もともと日本人はロボットや無人化といった分野に長けていたし、向いているのだと、私は確信している。

世界初の無人駅システムを実現

日本の鉄道駅の自動改札機の進歩にも刮目すべきであろう。

一九二七年開業の東京地下鉄道、現在の東京メトロ銀座線が、日本で初めて自動改札機を導入した。実はこれはニューヨークの地下鉄から導入したもの。一〇銭硬貨入れるとロックが外れ、腕木を押すと、一人だけが通れた。切符などは目視で確認していたが、一九六三年、ロンドンで磁気カードなどが試されていた。

一九六〇年代、日本経済が発展し都市部に人が集中した。鉄道の通勤ラッシュの混雑は「朝の通勤地獄」と世界各地の新聞で報じられ、改札には長蛇の列ができた。そのため、駅の混雑の解消のため、人の代わりに改札業務を遂行する機械をつくれないかとの議論がなされた。

その後、世界初の無人駅システムが日本で実現した。肝は自動改札だった。その磁気システムを開発したのが立石電機（現在のオムロン）。

一九六四年に近畿日本鉄道と大阪大学との共同で「定期乗車券自動改札装置」の開発に着手した。当時は乗客の八割が定期券だったため、「定期券専用」の自動改札機から、着手した。六六年、現在の自動改札機の原型が完成した。その後六七年には、別の鉄道会社、阪急の北千里駅で「定期と乗車券」の両用自動改札機が導入され、世界初の無人駅システムが実現したわけである。

ちょうどその頃の『四季報』、一九六五年四集の立石電機のコメント欄には「民生用が悪く、国鉄、警察などの公共関係に力を入れているが、九月期は表記程度にとどまるか。クレジットカード自動販売機のアメリカ向け輸出のほかに自動水栓、電子頭脳自動診断機などの新製品がある」とあった。

一九六六年一集の同社のコメント欄には「民生用のオートメ機器にもあまりたいした期待は持てない。国鉄向け自動販売機、警察向け自動交通整理機など公共関係に力を入れているが、やや向上する程度にとどまろう」とある。

また、建機の遠隔操作から始まる「無人化施工」もこの頃から登場してきた。一九六九年、富山の常願寺川災害の際、有線で遠隔操作された水中ブルドーザの事例がもっとも古いものであった。一九九一年に噴火した雲仙普賢岳の復興工事が、無人化施工のターニングポイントとなった。

大きな火砕流・土石流に備え、操作室をすぐ避難できるよう、トレーラーの上に乗せられた。このとき遠隔操作建機、カメラ、無線などすべての技術が総合的なシステムとして初めて使われた。東日本大震災での無人化施工は二〇年以上の技術の継承があったからとされる。

日本の無人化最強企業はセコム

こうして歴史を辿ってみると、日本の遠隔操作分野の無人化技術は当時からなかなかのものであったことを認識させられるのだが、一旦、歩みが止まった印象がある。特にインフラや建設分野に関しては、バブル崩壊でゼネコン各社が経営的に厳しくなったからだと思う。

本当なら九〇年代にさまざまな機器や工法の研究開発がもっと盛んに行われていたのではないか。それがバブル崩壊で相当なダメージを被って、一回止まってしまった。

だから、私はこの手のものは、これから復活してくるに違いないと期待している。

昔は切羽詰まった必要がなくても開発していた。ところが、今後は本当に人が足りないので、多少無理があってもやらざるを得ない。


さてさらには、自動化・省人化・無人化で発展した日本企業の代表格として、セコム（日本警備保障）を挙げないわけにはいかない。同社は、日本初の警備保障会社であり、世界で初めてバーチャル警備システムを導入したことで知られる。

一九六二年、日本初の警備保障会社として創業した同社は、六四年に開催された東京五輪の選手村を警備し評価される。六六年、日本初のオンライン安全システム「ＳＰアラーム」を開発。第一号契約は三菱（現三菱ＵＦＪ）銀行の東池袋支店だった。現在、法人約一〇九万九〇〇〇件、家庭約一五一万五〇〇〇件、合計約二六一万四〇〇〇件。

七三年、世界初の「無人銀行システム」を開発した米ハンティントン・ナショナル銀行と提携した「CD（キャッシュディスペンサー）セキュリティパック」を開発。上場が七四年六月。直後の七四年三集の『四季報』のコメントには、「人間による巡回警備から科学機械主体の警備に重点を移行。大企業の省力化機運にのって順調に伸びる」とある。七五年には、世界初の「CSS（コンピューター・セキュリティ・システム）」を開発している。

ある意味において、セコムは日本企業の自動化・省人化・無人化における最強の先駆者と言っていい。

こうして日本企業の過去をさらってみると、日本が思いのほか自動化・省人化・無人化の歴史を持っていることが浮かび上がってくる。

今後の「無人化ビッグイベント」

ここからは日本における「無人化ビッグイベント」を紹介しておこう。

昨年一二月五日から「無人航空機レベル4」の新制度がスタートした。機体認証、無人航空機操縦者技能証明書、運航ルールが整備された。

レベル4飛行により実現する未来とはどのようなものなのか？　スタジアムでのスポー

ツ中継、市街地や山間部、離島などへの医薬品や食料品などの配送、災害時の救助活動や救援物資輸送、被害状況の確認、保守点検、測量、資源調査、海難捜索等々、これらをすべてレベル4の飛行として認定された。要はドローンの使用を前提としている。

そして昨年一二月一六日に閣議決定されたのが、安保関連三文書「無人アセット防衛能力」。無人アセットとは、比較的安価、人的損耗を限定、長期連続運用可能という利点があるとされる。

AIや有人装備と組み合わせることで、部隊の構造や戦い方を根本的に一変させるゲーム・チェンジャーとなり得る。空中・水上・水中などで非対称的な優勢を獲得することが可能だという。攻撃機能を効果的に保持した多用途攻撃用無人機及び小型攻撃用無人機などを整備することが考えられている。特に水中優勢を獲得・維持するために「無人潜水艇（UUV）」の早期装備化を進めるとされ、製造企業は三菱重工、IHIと発表されている。

今年（二〇二三年）四月一日には、改正道路交通法案が施行され、「自動運転レベル4」の公道走行が解禁となる。無人バスなどの無人自動走行移動サービスとして、運用が想定され、また同日に「自動配送ロボット」を運行する事業者の届け出制度の施行も行われるということだ。

われわれは意外に気付いていないけれど、世の中は着々と動いているのを改めて感じる次第である。

『四季報』二〇二三年一集「新春号」の各銘柄のコメント内にも「ドローン」「搬送」「自動運転」のキーワードが目立つ。

まずドローンに関しては、電気工事や送電工事で活用、ドローン装着品を農業で使用、インフラ点検用に水中ドローンを導入等々。

搬送では、クラウド利用で自社オリジナル搬送ロボットの量産体制が完成したとか、工場や物流倉庫内で自律走行ロボットの導入等々。

自動運転については、自動運転バスのセンサーのデータ解析サービス、ゲーム開発ノウハウを活かした自動運転など、データ生成ツールを自動車メーカーに提供等々。

先に取り上げた豊田自動織機が、ＡＩ搭載の自動運転フォークリフトを開発している。あとダイトロンでは、工場の省人化に加え、自動運転需要で画像関連機器の引き合いが増えているようだ。

第九章

日本への投資がどんどん増える時代

「政治家は時代をつくらない」

以上、技術が一方方向に突出する段階が解消し、さまざまな分野が発展して追いついてきた時期がようやく日本に訪れた。同時に市場そのものも出来上がってきている。最終的には、進化に必要な法律改定が可能になってくる。これが現実の日本のステージである。

日本人が日本の未来を悲観している理由の一つは、日本の政治に対する不信感が強いことだ。いまの日本の政治家ではダメだ、みたいなことを多くの人が言って嘆いている。

これに対して、私自身はかねてよりこんな主張で対抗してきた。

「政治家は時代をつくらない。時代が政治家をつくるのだ」と。つまり、必要になったときに、それに応じた政治家が出てくるのである。そう考えれば、日本人は日本の政治家に過度に悲観する必要はない。

もちろん、政治家や政府には賢く動いてほしい。これに関し、私はそこまで日本の政府については悲観しておらず、割と頭のいい人たちが多いと認識している。慎重さが災いしてか、物事を進めるスピードが遅いけれども、時代の変化に対応してきていると思っている。

そもそもこの手の技術開発等々も含めて、これらは政府の仕事ではない。政府の仕事は、民間のチャレンジをやりやすくすることであり、政府が主導するものではないからだ。もっと簡単に言えば、民間の仕事の邪魔さえしなければいいぐらいの話である。

政治家もそう。技術が動いて、需要が生まれて、市場ができて、それでやっと政治家が動くのであって、決して政治家主導で動いているわけではない。政治家がそれを認証して、国会で法律を通してくれさえすれば、それでいい。

もちろん戦略的にサポートしたほうがよい、支えてほしいセクターというのはあるけれども。

そして、国が定めた方向に持っていこうとする場合、必ずと言っていいほど出てくるのが、補助金、助成金の類の話である。

例えば、介護職などそう簡単に機械に代えられないセクターにおいては、少なくても目先の需給のアンバランスを是正するために国が、そこを肩代わりするやり方はアリだと思う。

先刻の人手不足業種と人余り業種の話に逆戻りになってしまうけれど、ここはもう少し掘り下げて考察してみよう。

一つには、求人と求職に大きな差が出ている。求人倍率が上昇している背景には、そういった仕事の給料が少ないことがある。必ず人が集まって来る給料のレベルが存在するものだ。もちろん、誰でもきつくて難しい仕事はやりたくないし、同じ給料だったら、それは楽な仕事のほうがいい。

けれども、給料が一・五倍とか二倍とか差がついてくると、それによって人が集まる。だから、現状においては、企業側にそれができていないわけである。

例えば、医療分野で病院の自動化、さまざまなサポートシステムの自動化でコストカットして、介護をはじめとする医療関係者の報酬を上げる、ボーナスを増やす、もしくは、そうした人たちの稼ぎに減税をすべきなのだ。これはマスト。

そうしたことをせずに「人が足りない」と悩むほうがおかしいのではないか。

要は、ある業界に人が集まって、どこかの業界に人が足りないのは、人が足りない業界の給料が不足していることを単純に物語っているだけの話なのだ。

その企業が給料を上げられないということは、利益率が低いことを意味するから、その分をどこかで補助しなければならない。それが政府の仕事ではないかと、私は思う。

仮に最先端の研究開発をやろうとか、自動化を進めようとする企業に対し研究開発費を補助するとか、減価償却を早めるとか、何かインセンティブを与える税制は必要不可欠ではないか。むろん、そこに大学も絡めて。

日本の大学院の悪循環システム

さらには、日本の技術者の教育にも貢献するように、国と教育機関、大学と民間企業でもっと密接に連携を組むべきだと思う。このところ、そうした動きがちょっと流行っているようだが、米国などと比べると問題にならないほど少ない。大学発のベンチャーもできやすいような整備が必要だ。要は優秀な人たちが大学に残りたくなるようなインセンティブを与えなければならない。

今後も日本には資源がないこと、人口が多くないこと、島国であること、等々を考慮すると、引き続き日本は技術で優位性を保たなければならない。そうすると必然的に多彩な分野で技術者、エンジニアを育てなければいけない。

ところが、頭のいい人たちのほとんどは大学に残らず、企業に就職してしまう。しかも、理系出身の優秀な学生が銀行や証券会社のほうが給料がいいという理由で、企業のほうになびいていっている。これが現実である。

彼らが大学に残ってくれて、技術者、研究者になれるような環境が必要だと、私はずっと以前から訴えてきた。

私の経験を申し上げると、やはりお金の面が大きかった。東京大学の大学院に進んだ私は当然無給で、さらに学費を払っていた。

日本の大学は大学院の学生をただの労働力、要は実験技師として使っているだけなのだ。担当教授がやりたい研究や実験の下請けみたいなのをやらせているだけだった。

そうなると、優秀な人材はまず残らない。崇高な理想を掲げている人以外は。

東大工学部の私の同期でもやはり優秀な人のほとんどが就職組だった。どちらかというと、そこまで成績優秀でない人のほうが大学に残った。言い方に問題があるかもしれないけれど、満足な就職活動ができなかった人が大学院に進んだ。私自身はもともと大学院に行こうと思っていたのだが、大学院の同期に聞いたら、ほとんどの人が行きたかった企業に行けなかったからと明かしてくれた。

しかしながら、これは傾向としてよくないものだ。先にも書いたとおり、大学院生（修士・博士）に給料を出しているわけではないから、担当教授はその人たちにあまり多くを求められない。その人たちはある意味、「お客さん」なわけである。彼らが大学に学費を払っているからこそ、学位をあげなければならない。

大学に学費を払い、タダ働きしてもらっているから、そのご褒美として学位をあげるシステム。これはおおいなる〝悪循環〟に他ならない。その結果、日本の論文のレベルが落ちてくるわけだ。

一方で、大学院側が審査をあまり厳しくすると、今度は人が集まらなくなる。

私はずっとこのシステムを批判してきた一人である。日本はこのシステムに関しては間違っていた。特に博士課程の人に対しては雇用契約を結ぶべきなのである。

「あなたがたはもう立派な研究者だ」と認める。その代わり、その人たちにハイスタンダードを求める。博士論文の学位取得を難しくする。

そうなると必然的にレベルが高くなってくるから、博士号を取った人たちは、その後は自らの分野での第一人者として成長するかもしれない。たとえそこから企業に就職したとしても、そこの研究開発をリードするとか、そうした人材が育っていくのではないかと。

優秀な技術者を殺さない手立て

現実を眺めてみると、世の中には博士号を取っている人はけっこう多くいる。ただ、せっかく博士号を取ったものの、そのあとに普通の事業会社に行き、技術者でなく普通の社員と同じ仕事をやっている人たちも多いわけである。私に言わせれば、そういう人たちはまったく無駄に学位を取ったことになる。

私は、これはよくないと思っている。別に博士の数を増やす必要はない。増やしすぎたところで、今度は大学側にポスト（職）がないわけだから。

博士課程を終えたあとに、ポスドク（ポストドクター）をしている人もいるけれど、これにしても、ポストが空かなければ先生になれない。私はこのやり方自体が間違っていると思う。

本来であれば、企業が喉から手が出るほどに欲しがる本当に優秀な人材、さまざまな意味で優秀な人材が大学に残って、研究開発をリードすべきなのだ。それを実現するためには、そうした日本の未来を切り拓ける可能性を秘める人たちの生活の心配を解決しなければならない。結局、そこに収斂する。

この問題を解決すれば、学位、論文のレベルは必然的に上がってくる。なぜなら、大学院生は大学のお客さんでないわけだから、一人一人に学位を渡す必要がなくなる。そうなると、全般的に日本のレベルが上がってくる。

さらにそこに本章の冒頭部分で言及した補助金、助成金の類の話が絡むわけである。企業と政府がタッグを組んで資金面で支援し、アカデミックな成功、ビジネス的な成功につなげる。大学発のベンチャーをもっと増やしていくように持っていければ、おそらく日本は技術優位性を保てるのではないか。

いま唐突に思い出したのが、iPS細胞の研究でノーベル賞を受賞した山中伸弥博士。彼は自分でアルバイトをしたり、マラソンで資金を集めたりして、自費で研究用のマウスやラットを買っていた。いまのようにクラウドファンディングが隆盛ではない時代だったこともあるけれど、私はとても気の毒な感じをその当時抱いていた。

そのあたりは日本の大学とか研究機関、行政機関はレピュテーションの重要性を再認識しなければならないだろう。そのあたりに日本は技術で飯を食っていくしかないという覚悟が足りない、歯痒さを感じるわけである。

もう一つ、産官学の産業と大学のコラボレーションについては、行政がインフラを整えて、大学と民間企業がさまざまな形で動けるようにしなければならない。その融通にメリハリを効かせるのは政府などの行政機関だから、あとは補助金等も含めて、そういうところにお金を使うべきではないか。

私としては、日本政府がバブル崩壊以降におかしなメリハリを効かせた予算配分を行った印象が強い。とりわけゾンビ企業を救済したことは愚策であったと思う。そういうことをせずに、たとえ結果が出なくても基礎研究、技術開発はかけがいのないものだから、そこへの予算投入を渋ってはいけない。より大事にしていかないと、全般的に日本の技術が後退してしまうし、なおかつ優秀な技術者を途絶えさせることにもなるから。

けれども、そうした基礎研究、技術開発は、勤勉で粘り強さに優れる日本人は向いていると思う。せっかく国民性が技術立国向けに有利なのに、国の仕組み自体が邪魔をしてはいけない。むしろ仕組みがそれを助長しなければならない。

日本の未来を悲観する理由はない

ただ、日本を俯瞰して見ると、誰も知らないような無名企業が世界でも有数の技術力を持っていたりしていて、驚かされることが本当に多い。

もちろん過去三〇年間で、日本が大きく市場シェアを失った分野はいくつもある。大きいのは先に取り上げた半導体だろうか。

ただ、その半導体についても、先に述べたように、これから挽回できないわけではない。すべて関連技術が失われたわけではなくて、さまざまな関連分野では息づいている。先に言及したパワー半導体もそうだし、半導体製造装置もそうだし、日本の技術はしっかりとした地位を陣取っている。

したがって、今後世の中がAI化、省人化していくなかで、日本はそこをリードできる可能性が高いと、私は捉える。AI化、省人化技術を磨くと、今度は生産性が高まるし、日本の少子高齢化についてさほど心配しなくてもよくなる。

これがもし、日本の未来を悲観している理由が少子高齢化だったら、私はまったく意味がないと思っており、それをずっと主張してきたし、本書でも記してきたつもりだ。起爆剤としてのさまざまな技術的な進歩には期待しているし、外部環境も大きく変わりつつある。コロナ禍もある意味、無人化・自動化・AI化を加速させた面があり、ポジティブに捉えるべきなのである。

サプライチェーンの日本への回帰

無人化・自動化・AI化の流れが急速に進むいま、技術面、国民性、人件費、為替などを総合的にふるいにかけると、現時点で日本ほど、世界の中で投資に有利な国はないと思われる。

今後は日本に、海外企業の巨大プロジェクトがどんどん流れ込んでくる可能性がきわめて高い。

二〇二二年の年末にBSテレ東の『日経ニュース プラス9』に出演し、そこで、ニッセイ基礎研究所の井出真吾氏と話し合った。

井出氏が「もしかしたら来年（二〇二三年）、アップルが日本に工場をつくるかもしれない」と切り出した。知ってのとおりこれには伏線があって、中国にあるiPhoneを組み立てる台湾系フォックスコンの工場で大型デモが発生、iPhoneの生産がかなり危険な状況に陥ったからである。

これについては本書でも説明したが、ここではさらに突っ込んだ内容になっている。アップル本社としては、おおいに危機感を抱いて、中国から生産拠点を動かす計画であると発表があった。その候補地にはインド、ベトナムの名前が挙がっていた。

しかし、私が先に記したとおり、よく考えたらインド、ベトナムへの工場移転は難しい。半導体生産、高度技術を要するハイテク生産をそう簡単に新興国に移せるものではないからだ。

まずはさまざまな高度なインフラ整備が必要となる。そして高度な技術力と労働力を揃えなければならない。それを考えると、いまの日本は人件費が低いし、全体的に円安になっていることから、トータルコストが低い。

むしろトータルコストの概念で弾き出すと、中国で生産するほうが高くつく。生産が止まるとか、遅れるとか、中国特有の政治コストも含めると、日本が有利なのだ。

アップルとしては本国の米国で生産するという手もなくはないが、それをすると今度は人件費が中国の三倍ぐらいに膨らみ、採算が大幅に悪化してしまうので、選択肢から外さざるを得ない。ということで、日本はいま、非常にいいポジショニングにあるのかなと、私はずっと考えていた。

井出氏はとんでもニュース扱いで話していたけれど、私にはとんでもニュースではなくて、その実現可能性は高いのではないかと思った次第である。

なおかつ、おそらくそうなると、それに伴って熊本のＴＳＭＣとソニーの工場も、現在の計画の一〇～二〇ナノレベルのみならず、もっとハイテクの五ナノレベルの半導体も、やがてはつくれるようになるかもしれない。つまり日の丸半導体が挽回できるチャンスはおおいにあるのではないか。そして、すでにその時期に差し掛かっているのではないか。私はそう思っている。

そもそも日本にはインフラが整っているし、コンポーネントメーカー、半導体製造装置をつくっている会社も存分に揃っている。かつ、高度人材が豊富で、しかも、その高度人材にはそんなにコストがかからない。

サプライチェーンが戻ってくる日本で最終的に私たちが望んでいるのは、そこで従事する人たちの給料が上がって、日本の賃金が全体的に上がっていくことである。

いまのところは、これがアドバンテージに動くのではないかと、私は捉えている。バブル末期にディスアドバンテージになっていた日本のコスト高が、いまは逆にコスト安に変わっている。先に触れたとおり、さまざまな意味でトータルコストが安くなっている日本へのサプライチェーンの回帰があるのではないか。

日本の企業も当然、サプライチェーンを日本に持って来ようとしていることから、日本にまず生産設備が戻って、技術が戻って、それと共に人が集まる、ノウハウが集まる、最終的に資本も当然ながら集まってくる。国内外の企業が競って資本を投下しなければならないからだ。

こうしたシナリオの下、日本の景気の復活、賃金上昇、デフレからの脱却ができるはずである。

日本の少子高齢化から来るネガティブな影響を、これで相殺できる。

さらには日本が技術的な優位性を保てるわけだし、最終的には日本の好景気は日本の株式市場におおいに追い風となって、世界で再び注目を浴びる。そこで日本に投資が集まる、日本の株式市場はおおいに活気を取り戻すと、私は考えている。

さらに、おそらく起爆剤になり得るのは、日本政府がＮＩＳＡの枠を拡大しているように、日本人のマインドがデフレマインドからインフレマインドに、デフレ脳からインフレ脳に、いま変わりつつあることだ。

今後、日本に眠っている個人資産の一一％しか向かっていない株式シェアが三〇％まで上昇するのではないか。そうなると、おおいに日本の株式市場が盛り上がって、日経平均はそうとう上昇すると、私は思っている。

デフレから構造的インフレへ

いまはかつてないほど、日本人の投資意欲が強まっているのではないだろうか。実際に身近な話では、タクシーに乗ると助手席の背後の画面からずっと流れていたのは松井証券のＣＭで、こんなことはこれまでになかった。日本人の投資ニーズの高さが反映されているのだ。

私などはその業界のど真ん中にいるし、加えて人に投資を教える仕事をしているので、世の中の熱気を肌で感じている。

歴史の浅い私たちの会社に塾生が一二〇〇人以上も集まってきているのは、その証左だろう。一人一人の投資知識は豊富ではないかもしれないが、こうしてある程度の共同体に成長してくると、その総合力は捨てたものではないと実感している。

少し前までは、私たちの業界は「日本の貯蓄率が高い」と文句ばかり言っていた。だが、それはデフレだから当然だった。お金を貯めておけば放っておいてもお金の価値が上がるのだから、多くの人はリスクを取って投資はしない。

だから、日本人の行動はメイクセンスであった。デフレのなかでは、積極的にモノを買うべきではない。いずれ、どうせ価格が下がるわけだから。それを肌で感じ取って行動していた。

ところが、世の中が変わって、デフレから構造的インフレに変わってきた。

世界を構造的インフレに向かわせたのには、大づかみには三つの要因が存在する。

一つ目は、中国を世界の工場としてフル回転させてきたことで成立していたグローバル化が終焉、「デカップリング」の世界へと移行していること。これについては本書で詳細に記した。そして、グローバル化の主役を演じてきた中国は、習近平政権が三期目を迎えるにあたり、はっきりと鎖国化政策、あるいは準鎖国化政策に舵を切った。

デカップリングの本格化により、どうしても、製造コスト、輸送コストなどが嵩むことから、インフレは進まざるを得ない。

二つ目は、このところ世界で叫ばれている「グリーンフレーション」の影響が重くのしかかってきたことだ。脱・炭素化やESGを重視する企業経営はコスト増を伴う。

三つ目は、労働人口の減少である。とりわけ先進国での生産人口が減少しており、働き手を確保するために、企業側はこれまでにない賃上げに応じなければならない。米国ではそれが猛烈な勢いで進んでいるけれど、日本もユニクロはじめ、人材確保の目的で歴史的な賃上げを断行している。

デカップリング、グリーンフレーション、労働人口の減少は今後とも衰えることはないことから、構造的インフレの時代は長らく続くであろう。


構造的インフレの時代の場合には、いま手元にあるお金をそのままにしておいてはいけない。価値が目減りするからだと、賢明な日本人はみんなわかっている。いま消費しないと、明日には価格が上がってしまうのだから。

これまで日本人がコツコツと貯蓄してきたのは、しごく〝合理的〟な行動だった。だが、これからは貯蓄が合理的ではなくなる。みんながそれに気付いてきた。

このタイミングで、高校に投資の講座が導入されたり、国がＮＩＳＡの枠を大幅に拡大したりしていて、好環境になり、追い風が吹いてきている。

私は日本の人たちに、日本株に興味を持って欲しい。そして、いろいろと学んだあとで、まずは日本株を資産として買ってもらいたい。

日本人が日本株を買い出したら、外国人が刺激を受けて、さらに日本株を買う。そんな相乗効果を得られるのだろうと予測している。

日本株再注目は自明の理

なお、これから経済に起ころうとしていることは、巨大な循環によるものだろうと、私は捉えている。では、どのような循環なのか？

私は野村證券にいたとき、さまざまな機関投資家の相手をしていた。そのなかに外国の機関投資家で、ずっと日本株を専門にしてきた伝説的なファンドマネージャーがいた。かなり年配の方だった。

私が野村證券に入社したのは二〇〇六年だったから、日本のバブル崩壊から一五年が経過しており、当時、外国人で日本株を専門にしている若い人はほぼ皆無。それ以降の外国人ファンドマネージャーには香港株とか中国株、シンガポール株の専門はいるけれども、日本株専門は育っていなかった。

何が言いたいのかというと、外国人の日本株専門家や専門アナリストがいないと、外国人投資家は日本株についてほとんどわからないわけである。投資しようにも、情報も知識も中途半端で、お手上げ状態が続いてきた。

先に「日本人が日本株を買い出したら、外国人が刺激を受けて日本株買いの相乗効果を得られる」と記した理由はそこにある。

中国経済が上げ潮だった頃には欧米人の株専門家は興味津々で、中国株や香港株を研究していた。だが、ここにきて中国株に未来が待っているとはとても考えられない。欧米人が中国株のエキスパートになっても、そのうちに中国への入国が叶わなくなるかもしれない。

中国が抱えるリスクを勘案すると、日本株が再び注目されるのは自明の理。再び欧米人の日本株専門家が育ってきて、さらに日本の情報が増えてくることから、日本に投資しやすくなると、私は確信している。

すべてが循環、自然な流れなのだ。川から水が蒸発して、上に昇って雲になり、雨が降るみたいなものである。私は希望的観測を示しているのではない。これは法則的な循環。そうなって欲しいのではなく、それがもうすでに動き出している。

ジャポニスム再来の要因

二〇一五年に私たちのグループは「ジャポニスムの再来」というテーマを掲げた。ジャポニスムとは、一九世紀に欧州で流行った「日本趣味」のことを意味する。これは単純な趣味には留まらなかった。日本人の考え方から造形美から、ありとあらゆるものが流行ったわけである。

さらに似たような動きが、実は一九七〇年代、八〇年代の欧米でも起きた。日本への憧れが発露となり、日本文化、日本カルチャー、日本の歴史的な要素を欧米人がものすごく興味を持って、自分の考え方・思想に取り入れたり、芸術家が映画に取り入れたりしていた。それが九〇年代の日本のバブル崩壊と共に消えた。

けれども、私は直近でもう一回ジャポニスムが復活してくると思っている。その理由はいくつかある。

読者諸氏が一番身近で感じられるものでいうと、Ｎｅｔｆｌｉｘで大成功しているドラマ『コブラ会』だろうか。この『コブラ会』を語るには、ちょっと説明が必要だ。『コブラ会』が配給される前に、映画『ベスト・キッド』をジャッキー・チェン主演で焼き直しした映画『ベスト・キッド２０１０』がつくられた。

しかしジャッキーではウケなかった。つまり、日本人の内実を表現する作品を、中国人に差し代えて、同じストーリーでつくってもヒットしなかったのである。それでドラマ『コブラ会』が改めて製作され、米国で大ヒットとなった。

これが抜群に面白い。このドラマには日本の文化、日本の侘び寂び、武士道が登場し、きわめて高度な視点から描かれている。

さらに、私は最近見始めたドラマ『ビリオンズ』にも嵌まっている。これも二〇一六年から配給されて米国でヒットしていたらしいのだが、つい最近まで知らなかった。この『ビリオンズ』にもとても多く日本のネタが出てくる。寿司、武士道、囲碁とか盛り沢山に詰まっている。

こうしたＮｅｔｆｌｉｘ上の現象を見ていると、やはり新たなるジャポニスムブームが来ていると思わざるを得ない。


米国人とはある意味、非常に素直な人たちである。Ｎｅｔｆｌｉｘを通じてもう一度日本がリスペクタブルな地位に置かれてきているのは、私には嬉しい限りだ。米国がジャポニスムブームを牽引していくならば、世界的なムーブメントにもなるのではないか。

そして米国での日本再評価の裏側には、明らかに脅威として立ちはだかってきた中国という共通の〝敵〟が存在することもあろう。日本をいい意味でのパートナーと捉えている証なのかもしれない。

さらにまた映画を持ち出してきて恐縮なのだけれど、冷戦時代の『スタートレック』のなかの惑星連合とは米国のことだった。連合を一緒に組んでいるのは人間と、ヴァルカン人、つまりミスタースポックに代表される宇宙人。あの耳が長いヴァルカン人は日本人を表していた。そして当初敵だったクリンゴン人はロシア、旧ソ連を表していた。

そういうポップカルチャーから見ると、欧米人とはわかりやすい人たちなのが透けて見えてくる。

「日本の番が来るな」という流れ

新冷戦の開始以降、日本ブーム、「ジャポニスムの再来」が訪れようとしている。これは日本にいる日本人には感じにくいのかもしれない。

この新たなるムーブメントの要因の一つには、日本のコンテンツが、より海外に出やすくなったこともあるはずだ。昔はけっこう日本に埋もれていたのだけれど、インターネットを通じて、いまはすぐに字幕化されて世界中で見られることが大きい。

また、ＹｏｕＴｕｂｅｒの貢献も大きいはずだ。日本に住む外国人ＹｏｕＴｕｂｅｒが日本の生活、日本の街、日本人の考え方をこと細かに伝えてくれている。

昔はそれができなかったわけだから、ある意味、日本はブラックボックス的存在であった。かつては、「日本に来て生活しなければわからない」ようなところがあったけれど、いまの日本はそんなことはない。より外国人が日本に来やすくなっている。

あらゆる海外メディアが日本に関心を向けており、さまざまな観点から日本の案内を載せたり、伝えたりしている。それも、日本がより注目されるきっかけの一つではないか。ここらあたりは、日本に住む日本人は気付いていないようである。

これはやはり私が外国出身だからということがあるのかもしれない。自分が二五年くらい前に日本に来た当初といまの、世界の人たちの日本に対する見方の変化を比べられるソースを、私は持っている。おかげで自分の周りとか友人、各国の人たちの日本観を把握できる。

日本人にはそうしたソースがあまりないのだから、致し方ないといったところだろうか。だが、外国出身で日本人とは異なるソースを持つ私には「日本の番が来るな」という流れを肌で感じ取ることができるのである。

そういう時代に入っているからこそ、皆さんは古い考えを捨てなければならない。だから、失われた三〇年間と言われたときの習慣は捨てなければならない。

頭をデフレ脳からインフレ脳に切り替えなければならない。そうしないと、どんどんお金が目減りしていき、生き残れなくなってしまう。

加えて、自動化・ＡＩ化の流れとは、もちろん、日本にとって最適の少子高齢化の解決策ではあるけれど、一方で、やはり一人一人がスキルをつけていかないと、こうした環境下、ロボットやＡＩに対して競争できなくなる。職がなくなってしまう。

したがって、それらも含めて、一人一人が行動を起こす必要性が格段に高まってきている。そういう時代でもあると。

私自身は、これからは好景気になっていき、さまざまなチャンス、オポチュニティに出会う可能性が高まると思う。当然ながら、動かない時代よりも、動く時代のほうが刺激的である。

景気はよくなる。ただ、一方で、チャンスをつかめるかどうか。チャンスをつかむには、その準備を入念にしなければならない。投資チャンスも増えるし、仕事のチャンスも増えるし、特に若い人は自己開発に磨きをかけるべきだろう。

大きなチャンスが訪れようとしている。

〔著者略歴〕

エミン・ユルマズ

エコノミスト、グローバルストラテジスト。複眼経済塾取締役・塾頭。

トルコ・イスタンブール出身。16歳で国際生物学オリンピックの世界チャンピオンに。1997年に日本に留学。日本語能力試験一級を受けて，1年後に東京大学理科一類に合格，その後同大学院で生命工学修士を取得。2006年野村證券入社、投資銀行部門、機関投資家営業部門に携わった後、16年に複眼経済塾の取締役・塾頭に就任。

著書に『それでも強い日本経済！』（ビジネス社)、『日本経済復活への新シナリオ』(KADOKAWA)、『コロナ後の世界経済』『エブリシング·バブルの崩壊』(以上、集英社)など多数。複眼経済塾は、年4回（3月、6月、9月、12月）塾生を募集（https://www.millioneyes.jp/）。

編集協力：加藤 鉱

大インフレ時代！ 日本株が強い

2023年 3 月 13日　第1版発行
2023年 4 月 1 日　第3版発行

著　者　エミン・ユルマズ
発行人　唐津 隆
発行所　株式会社ビジネス社
〒162-0805　東京都新宿区矢来町114番地　神楽坂高橋ビル5階
電 話　03(5227)1602（代表）
FAX　03(5227)1603
https://www.business-sha.co.jp

印刷・製本　株式会社光邦
カバーデザイン　大谷昌稔
本文組版　有限会社メディアネット
営業担当　山口健志
編集担当　中澤直樹

ISBN978-4-8284-2499-6